DESAFÍOS DE LA REGULACIÓN AMBIENTAL EN AMÉRICA LATINA LA PROTECCIÓN DE LA AMAZONIA

Academia de Ciencias Políticas y Sociales

HUMBERTO ROMERO-MUCI

DESAFÍOS DE LA REGULACIÓN AMBIENTAL EN AMÉRICA LATINA

LA PROTECCIÓN DE LA AMAZONIA

Caracas, 2024

© Desafíos de la regulación ambiental en América Latina. La protección de la Amazonia
© Academia de Ciencias Políticas y Sociales

ISBN: 979-8-89480-616-7

Academia de Ciencias Políticas y Sociales Avenida Universidad,
Bolsa a San Francisco Palacio de las Academias
Caracas 1010-Venezuela
Teléfonos (058) (02) 483-2674/482-8634
Fax (058) (02) 482-8845, 481-6035
www.acienpol.org.ve academiadecienciaspoliticas@gmail.com

Portada: Evelyn Barboza V.

Impreso por: Lightning Source, an INGRAM Content company
para Editorial Jurídica Venezolana International Inc
Panamá, República de Panamá.
Email: editorialjuridicainternational@gmail.com

Diagramación, composición y montaje
por Oralia Hernández en letra Times New Roman, 11 Interlineado:
12. Mancha 12,5 x 19

Academia de Ciencias Políticas y Sociales

Junta Directiva
Período 2024-2025

Presidente:	*Luciano Lupini Bianchi*
Primer Vicepresidente:	*Rafael Badell Madrid*
Segundo Vicepresidente:	*Cecilia Sosa Gómez*
Secretario:	*Gerardo Fernández Villegas*
Tesorero:	*Salvador Yannuzzi Rodríguez*
Bibliotecario:	*Juan Cristóbal Carmona Borjas*

Individuos de Número

Luis Ugalde, S.J.

Margarita Escudero León

Juan Carlos Pró-Rísquez

José Muci-Abraham

Enrique Urdaneta Fontiveros

Alberto Arteaga Sánchez

Jesús María Casal

León Henrique Cottin

Allan Randolph Brewer-Carías

Eugenio Hernández-Bretón

Carlos Eduardo Acedo Sucre

Luis Cova Arria

Humberto Romero-Muci

Ramón Guillermo Aveledo

Pedro Rondón Haaz *(e)*

Colette Capriles Sandner *(e)*

Nayibe Chacón Gómez *(e)*

Guillermo Gorrín Falcón

James-Otis Rodner

Ramón Escovar León

Román J. Duque Corredor (+)

Gabriel Ruan Santos

José Antonio Muci Borjas

Carlos Ayala Corao

César A. Carballo Mena

Julio Rodríguez Berrizbeitia

Magaly Vásquez González

Héctor Faúndez Ledesma

Carlos Leáñez Sievert (+)

Luis Guillermo Govea U., h

Oscar Hernández Álvarez

Fortunato González Cruz

Luis Napoleón Goizueta H.

WORLD LAW CONGRESS
NEW YORK 2023

July 19- 20 | New York City Bar Association
July 21 | United Nations HQ

World Jurist
Association

60 years making Peace Through Law

CONTENIDO

World Jurist Association
Peace Through Law

World Law Foundation

WORLD LAW CONGRESS

NEW YORK

CHALLENGES OF ENVIRONMENTAL REGULATION IN LATAM: THE PROTECTION OF THE AMAZON

www.worldlawcongress.com

JULY 20

CHAIR:

Humberto Romero Muci
Former President of the Academy
of Political and Social Sciences

PANELISTS:

Cecilia Sosa Gómez
Vice-President of the Academy of
Political and Social Sciences

Delia Muñoz
Full Member of the
Academy of Moral,
Political and Social Science

Ricardo Abello
Member of the Colombian
Academy of Jurisprudence

Sergio de Andréa
Brazilian Academy of
Legal Literature

@worldjurist
#WorldLawCongress
#NewYork 2023

NEW YORK
CITY BAR

PRESENTACIÓN
WORLD JURIST ASSOCIATION

Javier Cremades García[*]

Este libro recoge las ponencias de la mesa redonda de las Academias de Jurisprudencia de Iberoamérica celebrada en Nueva York con el elocuente título **"Los desafíos de la regulación ambiental en América latina: la protección de la Amazonía"** en el marco del XXVIII World Law Congress organizado por la *World Jurist Association* y la *World Law Foundation* los días 20 y 21 Julio de 2023 en la sede principal de Naciones Unidas y en la New York Bar Association.

La *World Jurist Association* tiene un propósito único que es fomentar la paz a través del derecho llevando a cabo una gran campaña global para que todo el mundo comprenda que la única garantía de la libertad y de la paz es someternos al imperio de la Ley. La alternativa a un gobierno de las leyes es un gobierno de la fuerza, y frente al imperio de la fuerza, elegimos el imperio de la razón y la justicia, autentica garantía de la la dignidad humana. Este concepto del Estado de Derecho es antropológico, es antropomórfico, e incluye el cuidado de la naturaleza, nuestra casa común, y sus ecosistemas. A la protección y el cuidado de ese mundo está dedicada esta obra que tengo el honor de presentar.

Los miembros de las academias iberoamericanas dedicados al mundo de la Jurisprudencia y el Derecho, son juristas que han destacado en diferentes posiciones en la enseñanza, en la judicatura, en la abogacía; personas que realmente han sabido consagrar su vida al Derecho. Todas ellas son figuras de trayectoria sobresaliente por su servicio a la sociedad, acompañando y protegiendo a personas, empresas e instituciones a través de la seguridad que ofrece el imperio de la ley.

---

[*] Abogado español y presidente de la World Jurist Association (WJA) desde 2019. Doctor en Derecho por las universidades de Ratisbona (Alemania) y UNED (España), y Doctor Honoris Causa por la Universidad Internacional de Valencia (España). Fundador y presidente de Cremades & Calvo-Sotelo Abogados.

En esta ocasión las Academias jurídicas de Iberoamérica presentaron un tema esencial al Estado de Derecho, la vigencia de la Democracia y la efectividad de los derechos humanos como es la protección del medio ambiente en el específico bioma de la Amazonía.

La Amazonía, con su inmensa biodiversidad, sus vastos recursos hídricos y su papel esencial en la regulación del clima global, es un patrimonio natural invaluable. Sin embargo, esta región enfrenta una serie de amenazas que ponen en riesgo su existencia. La deforestación avanza a un ritmo alarmante, impulsada por la tala ilegal, la expansión de la frontera agrícola y la minería indiscriminada. La contaminación de ríos y fuentes de agua por mercurio y otros productos químicos tóxicos amenaza la salud de las comunidades locales y la vida silvestre. Además, el cambio climático está alterando los patrones de lluvia y aumentando la frecuencia de eventos climáticos extremos, lo que agrava aún más la situación.

Ante esta crisis, el libro **"Desafíos de la Regulación Ambiental en América Latina: La Protección de la Amazonia"** examina los marcos legales existentes y las políticas de gobernanza ambiental en los países amazónicos. Se analizan las fortalezas y debilidades de las leyes nacionales e internacionales, así como la efectividad de su implementación. Se discuten los desafíos para lograr una cooperación regional efectiva y se exploran nuevas estrategias para fortalecer la protección legal de la Amazonía.

Esta obra reúne las contribuciones de destacados juristas y académicos de la región, quienes comparten sus conocimientos y experiencias en el campo del Derecho ambiental. Sus análisis y propuestas ofrecen una visión profunda y multidisciplinar de la problemática, abordando temas como la responsabilidad internacional de los Estados, la justicia ambiental, los derechos de los pueblos indígenas y la necesidad de una gobernanza ambiental más efectiva.

"Desafíos de la Regulación Ambiental en América Latina: La Protección de la Amazonia" es una llamada a la acción para proteger este tesoro natural. A través de un análisis riguroso y propuestas concretas, el libro busca generar conciencia sobre la urgencia de la situación y movilizar a la comunidad internacional para tomar medidas efectivas. La protección de la Amazonía es un desafío global que requiere la cooperación de todos los actores involucrados, desde los gobiernos y las organizaciones internacionales hasta la sociedad civil y el sector privado. Solo a través de un esfuerzo conjunto podremos garantizar la supervivencia de este ecosistema vital y asegurar un futuro sostenible para las generaciones venideras.

La crisis ambiental en la Amazonía no solo afecta la biodiversidad y el clima, sino que también tiene profundas consecuencias socioeconómicas y vulnera los derechos humanos de las poblaciones locales. La deforestación y la contaminación amenazan los medios de vida de las comunidades indígenas y campesinas, que dependen de los recursos naturales para su subsistencia. La minería ilegal genera conflictos sociales, delincuencia y violencia, mientras que la expansión de la agricultura industrial puede desplazar a comunidades enteras de sus tierras ancestrales.

El libro examina estos hechos y analiza cómo la aplicación de la Ley constituye una herramienta para fortalecer el Estado de Derecho, proteger los derechos humanos y promover la justicia ambiental en la Amazonía. Se discuten los derechos de los pueblos indígenas a la consulta previa, libre e informada sobre proyectos que afectan sus territorios, así como su derecho a la participación en la toma de decisiones sobre el uso de los recursos naturales. Se exploran también mecanismos legales para garantizar la reparación de los daños ambientales y la compensación a las comunidades afectadas.

Esta obra es una invitación a la reflexión y a la acción. Es una llamada a la comunidad internacional, a los gobiernos, a la sociedad civil y al sector privado para unir esfuerzos y trabajar juntos con el fin de proteger este patrimonio natural irremplazable. La Amazonía es un tesoro que debemos preservar para las generaciones presentes y futuras. El porvenir de la humanidad depende de ello.

Este libro no habría sido posible sin la valiosa colaboración de numerosas personas e instituciones. En primer lugar, queremos expresar nuestro profundo agradecimiento a todos los autores que contribuyeron con sus conocimientos y experiencias a esta obra, los académicos Sergio de Andéea (Brasil), Ricardo Abello (Colombia), Delia Muñoz Muñoz (Peru), Cecilia Sosa Gómez (Venezuela) y la antropóloga Cristina Vollmer de Burelli (Venezuela) y en segundo lugar, muy especialmente a su organizador y promotor el académico venezolano Humberto Romero-Muci. Sus análisis y propuestas enriquecen significativamente el debate sobre la protección de la Amazonía y ofrecen una visión esperanzadora para el futuro de la región.

Agradecemos también a las instituciones académicas y organizaciones no gubernamentales que apoyaron la realización de este proyecto, en particular a la Academia de Ciencias Políticas y Sociales de Venezuela, la Academia Brasileira de Letras Jurídicas, la Academia Colombiana de Jurisprudencia, la Academia Peruana de Ciencias Morales, Políticas y Sociales y la Fundación SOS Orinoco. Su compromiso con la investigación y la difusión del conocimiento y defensa de la Amazonía es fundamental para generar conciencia y promover soluciones efectivas.

Queremos extender nuestro agradecimiento a la Editorial Jurídica Venezolana, en la persona del ilustre jurista iberoamericano Allan Brewer-Carías y a los revisores que trabajaron arduamente para garantizar la calidad y coherencia de esta obra. Su dedicación y profesionalismo han sido esenciales para llevar a buen término este proyecto.

Finalmente, agradecemos a todos los lectores que se acercan a este libro con la esperanza de comprender mejor los desafíos ambientales que enfrenta la Amazonía y de encontrar inspiración para actuar en su defensa. La protección de este tesoro natural es una responsabilidad compartida que requiere el compromiso de todos.

Esperamos que esta obra contribuya a generar un debate constructivo y a inspirar acciones concretas para proteger la Amazonía y garantizar un futuro sostenible para las generaciones venideras.

El Comité Organizador del *World Law Congress*, la *World Jurist Association* y la *World Law Foundation*, seguiremos trabajando y alentando esta conversación global de profundo calado en torno a los desafíos y oportunidades a las que hoy se enfrenta el Estado de Derecho.

Madrid, 14 de noviembre de 2024

PRESENTACIÓN
ACADEMIA COLOMBIANA DE JURISPRUDENCIA
UN GRAN DESAFÍO

Augusto Trujillo Muñoz[*]

Los tiempos que corren son críticos para las ciencias sociales porque el mundo se torna cada día más difícil de entender. El medioevo supo modelar su propia historia de acuerdo con sus realidades locales, pero la modernidad apeló a la abstracción para construir la suya y diseñar sus instituciones. Probablemente nada ha sido tan abstracto como el estado-nación, ni tan contradictorio como los paradigmas modernos. Al estimular el sentimiento nacional la modernidad terminó privilegiando las emociones patrióticas sobre las solidaridades humanas y esa fue una semilla de confrontaciones permanentes y de nuevos conflictos bélicos. En ese oscuro escenario se debate el mundo actual y en él, América Ibérica vive un momento que puede ser de avance o de colapso. Su horizonte -de frustración o de esperanza- depende de que la región sepa mirarse a sí misma y desde sí misma sepa mirar al resto del mundo.

Creo que dos autores contemporáneos pueden ayudar en este análisis: El sociólogo alemán Ulrich Beck sostiene que el mundo no se está muriendo, como lo afirman los predicadores de catástrofes, pero su rescate tampoco es fácil, como dicen evangelistas del progreso. En su obra póstuma "La metamorfosis del mundo" anota que se están desestabilizando las certezas de la sociedad, de manera que lo impensable de ayer es posible o incluso real hoy. Por su parte, el pensador español Daniel Innerarity pone de presente que conocemos mejor el universo físico que el mundo social y económico. A su juicio, actuar como se ha hecho siempre en situaciones parecidas es creer que seguimos viviendo en un mundo en el que a cada acción le sigue un resultado predecible.

---

[*]   Presidente de la Academia Colombiana de Jurisprudencia.

Abordando el cambio climático desde el plano de la política, Beck se formula dos preguntas: Primera, ¿qué podemos hacer frente al cambio climático? Segunda, ¿cómo altera el cambio climático el orden político y social? Frente a las dos preguntas gira la certeza de que ningún estado-nación está en condiciones de afrontar el cambio climático. En otras palabras, los principios de soberanía e independencia se vuelven un obstáculo para la supervivencia humana. Por consiguiente, concluye Beck, la Declaración de Independencia debe cambiarse por una Declaración de Interdependencia. De allí se desprende también la necesidad de asumir una nueva manera de adoptar normas jurídicas.

La política es el arte de lo posible, pero también es casi la contingencia pura. En la medida en que esta aumenta, gobernar se convierte en una acción compleja y la política en un ejercicio más o menos incierto. Acaso ¿tendremos que acostumbrarnos a vivir en un mundo más cercano al caos que al orden? Según Innerarity, ello nos sitúa en un ámbito cuya contingencia es mayor según sea mayor su complejidad: "Esa es la razón profunda de la compatibilidad entre complejidad y democracia", anota. Para el filósofo español, los sistemas políticos actuales no están siendo capaces de gestionar la creciente complejidad de estos tiempos. Siguen atados al criterio lineal, simple, clásico del pensamiento moderno.

¿Cómo ha de operar el derecho, en cuanto instrumento de regulación e instrumento de cambio, en una sociedad tan compleja como la actual, inmersa en una toda una metamorfosis? El presente libro se inscribe en el marco de los desafíos que enfrenta la región en materia de regulación ambiental, específicamente para la protección de la Amazonia. Esa fue una de las preocupaciones centrales de la *World Jurist Association* (WJA) en su Congreso del 20 de julio de 2023, realizado en New York. El derecho ambiental en la región está más o menos consolidado como disciplina, pero su gestión concreta no ha logrado contener el deterioro de los sistemas ecológicos, ni el abuso humano que sigue atentando contra su equilibrio.

Bien lo señala el jurista venezolano Humberto Romero-Muci, coordinador del panel cuyas ponencias se recogen en el presente libro: La normatividad jurídica debe fortalecer al máximo las instituciones ambientales e instrumentalizar políticas de progreso sostenible en el largo plazo. Es preciso garantizar un buen suceso en el desarrollo de la sociedad y en el desempeño de sus miembros frente al cambio climático. El profesor colombiano Mauricio García Villegas suele reiterar que el derecho tiene una eficacia simbólica, cuya proyección supone incidencia en la cultura social y en la conciencia de responsabilidad sobre lo que significa el cambio climático para la supervivencia misma de la especie humana.

El Amazonas es una reserva planetaria. De tiempo atrás académicos y especialistas reclaman una atención que ha encontrado oídos sordos en políticos y economistas. Es como si quisieran dejar claro que esa no es una preocupación prioritaria del estado-nación y, mucho menos, del mercado cuya acción exclusiva es el crecimiento económico, por encima de la equidad social y de la conservación del ambiente. Desde el año 2019 en un Congreso de Derecho Amazónico celebrado en el Brasil, el académico venezolano Román José Duque puso de presente la transnacionalidad que debe tener el derecho amazónico y la necesidad de crear una instancia universal para la defensa de los derechos humanos de los pueblos de toda esa subregión.

Por su parte, el jurista colombiano Ricardo Abello-Galvis, en el marco del Congreso de WJA, presentó una ponencia sobre los aportes de la Corte Interamericana de los Derechos Humanos en relación con la protección de la Amazonia, en la cual señala la que se conoce como "Opinión Consultiva OC – 23 de 2017", sobre protección de Medio Ambiente y Derechos Humanos. El tema ha tenido desarrollos contenciosos que, simultáneamente, empujan una evolución progresiva del derecho internacional hacia la consolidación de una costumbre en esa materia. Los textos de los académicos Duque y Abello, forman parte del presente libro.

Sin embargo, en la Amazonia se siguen otorgando concesiones mineras, construyendo carreteras y represas hidroeléctricas, expandiendo la desforestación y la agricultura extensiva e incluso realizándose cambios de legislación relacionados con áreas protegidas. Toda esta degradación implica grandes riesgos para el funcionamiento del planeta y tiene graves consecuencias en la vida de las personas. Son millones de seres humanos, no solo en los países circundantes sino en todo el mundo, que dependen de los servicios ecosistémicos que brinda la Amazonia. Pero, sobre todo, las comunidades que la habitan son altamente vulnerables a cualquier alteración de su entorno.

La Amazonia se está enfrentando actualmente a un grave problema que, al parecer, desborda la capacidad de respuesta de las autoridades: Los incendios provocados por la sequía en forma accidental y por las personas en forma intencional. El académico brasileño Sergio de Andréa Ferreira expresa que el gobierno de su país planea crear la "Autoridad del Clima" para coordinar las acciones institucionales y enfrentar con éxito lo que él denomina "esta batalla de vida o muerte". Según el Observatorio de Recuperación Global, los gobiernos de Brasil y de Colombia han invertido más del 20% de su presupuesto de recuperación en inversión verde. Sin embargo, la mayoría de sus fondos se han destinado a la transición energética, dejando de lado las inversiones relacionadas con la naturaleza.

En octubre del 2024 la COP 16 va a realizarse en Colombia. Según sus organizadores la pérdida de la biodiversidad y el cambio climático son las dos caras de la misma moneda. Al parecer la COP ofrece oportunidad para el diálogo entre el ámbito académico y el amazónico, pero ojalá también lo haya con el universo político. Sobre ese tríptico el derecho podría encontrar bases para ampliar sus reflexiones y decidir con idoneidad y eficacia. Este mundo complejo a cuya ignota metamorfosis nos tenemos que asomar con cuidado, no puede encontrarnos con un derecho ausente, rígido o incapaz de interpretar la dinámica social.

De alguna manera, desde la perspectiva de América Ibérica, la metamorfosis del mundo y las complejidades de la democracia pueden contribuir a que sus pueblos recuperen su centro de gravedad y proyecten sobre el mundo la necesidad y la urgencia de enfrenten las vicisitudes del cambio climático, por lo menos en términos que induzcan a que los seres humanos se vean obligados a contribuir a la salvación de los demás precisamente para salvarse a sí mismos. Es una forma dramática pero, al menos, puede ser útil para recordar que la especie humana no puede sobrevivir sin solidaridad.

PRESENTACIÓN
ACADEMIA BRASILEIRA DE LETRAS JURÍDICAS

Sergio DE ANDRÉA FERREIRA

El artículo 2º del Estatuto de la Academia Brasileira de Letras Jurídicas establece que la corporación tiene por objeto el estudio del Derecho en todas sus ramas.

Como la Ciencia del Derecho y del Derecho positivo evolucionan continuamente, la Academia se esfuerza por acompañar ese desarrollo incorporando nuevos institutos jurídicos y abarcando otros campos sociales.

Entre las ramas jurídicas que se han sumado a las tradicionales está el Derecho Ambiental, Derecho Ecológico, que se ocupa del medio ambiente, que la Constitución brasileña del 88, en su art. 225, califica como *'bien de uso común del pueblo'*; siendo *'de todos'* el derecho a disfrutarlo; pero imponiendo, por otro lado, *'a los poderes públicos y a la comunidad, el deber de defenderlo y preservarlo para las generaciones presentes y futuras'*.

Por la relevancia del asunto, la ABLJ tuvo el honor de participar en el Panel de Trabajo del *'World Law Congress New York – 2023-07-20/21'*, sobre el tema, *"Desafíos de la regulación ambiental en América Latina - la protección de la Amazonia"*, presentando la ponencia, *"Cuestión crucial: la regulación ambiental y su eficacia en la Amazonia"*.

La responsabilidad era grande, dada la importancia de Brasil en el contexto amazónico, un espacio geopolítico que implica a la propia naturaleza, con su relevancia decisiva para el país, sus vecinos y el equilibrio climático global.

Junto a esto, están los aspectos humanos, incluso para los pueblos nativos que ocupan este espacio. Y los intereses económicos que, desafortunadamente, han conducido a agresiones, a menudo irreversibles, dada la codicia y la irresponsabilidad de los explotadores.

El tema es de gran actualidad, dado el desequilibrio climático que se ya se había previsto desde hace tiempo y que ahora se está convirtiendo en una contundente realidad.

Brasil se enfrenta actualmente con el grave problema de los incendios, no sólo los provocados por la grave sequía, que se refleja en la drástica reducción del nivel de ríos, como el Negro y el propio Amazonas, sino también los provocados intencionalmente.

El gobierno brasileño ha intentado hacer frente a la crisis, recurriendo al Ministerio de Medio Ambiente, Integración y Desarrollo Regional, al Cuerpo Militar de Bomberos, a la policía federal y estatal y a la Fuerza Nacional de Seguridad Pública. Y, además, planea crear una agencia federal, la *Autoridad del Clima"*, para coordinar las acciones de los organismos implicados.

Que, con la participación de la sociedad y en conjunto con las demás naciones interesadas, tenga éxito en esta batalla de vida o muerte.

WORLD LAW CONGRESS
NEW YORK 2023-07-20/21

PANEL - DESAFÍOS DE LA REGULACIÓN AMBIENTAL EN AMÉRICA LATINA: LA PROTECCIÓN DE LA AMAZONIA
20 JULIO 2023
Coordinador del Panel
HUMBERTO ROMERO-MUCI[*]

Sumario: • Salutación. • Objetivo. • Motivación. • El derecho ambiental latinoamericano. • Presentaciones. • Conclusión.

Good afternoon. Welcome to the discussion table on **"The environmental regulation challenges in Latin América: The protection of the Amazon"**, in the context of the XXVIII (twenty-eighth) World Congress on the Rule of Law held in the cosmopolitan city of New York.

Buenas tardes a todos los presentes. Bienvenidos a la mesa de discusión sobre *Los desafíos de la regulación ambiental en América Latina. La protección de la amazonia,* en el contexto del XXVIII (vigésimo octavo) Congreso Mundial sobre el Estado de Derecho que celebramos en la cosmopolita ciudad de Nueva York.

---

[*] Abogado *summa cum laude* de la **Universidad Católica Andrés Bello**, Magister en Leyes de **Harvard Law School**, Doctor en Derecho de la **Universidad Central de Venezuela**, Profesor Titular y Jefe de la Cátedra de Derecho Tributario en la Universidad Católica Andrés Bello, Profesor de Derecho de la Contabilidad en el Postgrado de Derecho Financiero de la Universidad Católica Andrés Bello y de Análisis Económico del Derecho en la Universidad Central de Venezuela, Individuo de Número y ex presidente de la **Academia de Ciencias Políticas y Sociales de Venezuela** (Sillón No. 14). Académico Correspondiente extranjero en la **Academia Colombiana de Jurisprudencia** y Honorario en la **Real Academia de Jurisprudencia y Legislación de España**. Socio en D´Empaire, abogados.

SALUTACIÓN

Ante todo, quiero expresar mi especial agradecimiento a *World Juris Association* y a la *World Law Foundation* en la persona de su presidente, Don Javier Cremades García y a todo su eficiente equipo, por este esplendido Congreso y en especial por la iniciativa de patrocinar esta mesa de discusión sobre desafiante tema de la *Regulación ambiental de la Amazonia.* Mi especial agradecimiento al presidente de la Academia Colombiana de Jurisprudencia, Dr. Augusto Trujillo Muñoz, por su liderazgo en promover este Panel.

Así mismo, quiero agradecer la compañía de los notables académicos iberoamericanos que se dan cita hoy, para ilustrarnos con sus conocimientos y experiencias sobre este acuciante tema, cuyo interés va más allá de Latinoamérica. La amazonia ocupa 6 mil setecientos millones km² de selva tropical que alberga 30% de la biodiversidad del planeta. El desafío consiste en:

♦ Cómo cuidar ese inmenso bioma. ¿Qué significa económicamente ello, dado su magnitud y diversidad?

♦ ¿Son suficientes, son eficientes las normas nacionales e internacionales que regulan actualmente su protección?

♦ ¿Cómo y quién se hace responsable de una política común y dispone de los medios económicos para ejecutar planes y proyectos acordes a su protección?

Por todas estas inquietudes, es un privilegio adentrarnos en el tema y agradecer la presencia de los profesores Sergio de Andréa, Cecilia Sosa Gómez, Ricardo Abello y Delia Muñoz.

OBJETIVO

Quiero expresarles en nombre de la Academia de Ciencias Políticas y Sociales de Venezuela, el agrado que me produce participar en la organización y coordinación de este evento; él nos permite visualizar la importancia a nivel mundial y regional del estado de necesidad -y yo agregaría de urgencia- en que se encuentra la protección jurídica del bioma amazónico: uno de los retos más difíciles que enfrentan los nueve países que ejercen soberanía sobre la Amazonia; se trata del cumplimiento de la obligación de garantizar por parte de los Estados el derecho al medio ambiente, el cual involucra a otros derechos como el derecho la vida, la paz y de todos los derechos humanos, al estar en juego la protección y mantenimiento del ambiente en beneficio de las poblaciones del mundo del futuro.

MOTIVACIÓN

La Amazonia hay que pensarla como una entidad, una unidad, con la cual hay que establecer relaciones armoniosas, de equilibrio y no de dominación. Se trata de una reserva esencial para la vida y la regulación del clima. Por su gigantesca extensión y riquezas naturales, se ha convertido en un foco de atención de la gobernanza ambiental global y sujeto de debate en diferentes momentos históricos acerca de su internacionalización como bien común y patrimonio de la humanidad.

Esta región de Suramérica contiene la mayor selva tropical húmeda, de biodiversidad, agua y oxígeno del planeta, cruzada por Brasil, Bolivia, Colombia, Ecuador, Guyana, Perú, Surinam, Venezuela y la Guyana Francesa. Su naturaleza transfronteriza ha sido reconocida desde 1978 con el tratado de Cooperación Amazónica, que busca el desarrollo de la región y la utilización racional de sus recursos naturales. La propia Latinoamérica ha potenciado la protección ambiental desde una perspectiva regional. Así lo comprueba el acuerdo de Escazú, aprobado en 2018 y promovido por la Comisión Económica para América Latina y el Caribe (CEPAL), con la regulación del derecho a la información, la participación pública y la justicia para la protección del ambiente. También la Corte Interamericana de Derechos Humanos ha proferido opiniones consultivas y ha sentado doctrina judicial hemisférica en casos contenciosos sobre el derecho humano al ambiente. Incluso, la Corte está pendiente de producir una opinión vinculante sobre el acuciante tema de la emergencia climática y las obligaciones de Derecho internacional de los derechos humanos que deben asumir los Estados Parte frente a los impactos que se prevén y ya empiezan a sentirse, como la pérdida de ecosistemas, inseguridad alimentaria, migraciones internas y desplazamientos, etc.

A pesar de todo esto, el espacio amazónico atraviesa por una crisis de inmensas proporciones para la región y el planeta. Los problemas que le aquejan históricamente, como la deforestación y los focos de calor, se han incrementado dramáticamente en los últimos años, a los que se suman otros como el narcotráfico, el cambio climático y la minería ilegal -el caso clínico es el ecocidio en el arco minero del Orinoco en Venezuela. Todo ello pone en peligro la existencia del Bioma amazónico como selva húmeda, incluso, a sus habitantes ancestrales. Estos problemas son comunes a los 9 países amazónicos, sin que se haya logrado unificar a nivel regional soluciones efectivas que los comprometan con **"…la preservación y protección del Bioma amazónico que es inigualable e irremplazable"**. No ha habido una acción geopolítica estratégica común, como merece la humanidad, para frenar la devastación, pues los intereses políticos y económicos han sido más fuertes que el deseo de conservar ese bioma.

EL DERECHO AMBIENTAL LATINOAMERICANO

El derecho ambiental latinoamericano actual se caracteriza por la concientización de la fragilidad, vulnerabilidad y el carácter finito de los bienes ambientales. Los principios de prevención, prudencia y precaución, entre otros, revelan un cambio radical en la concepción de las relaciones del individuo, sociedad y naturaleza. Incluso, estando en pie un verdadero "constitucionalismo ambiental" que reconoce ampliamente el derecho humano a un medio ambiente adecuado y sostenible, no se ha logrado evitar del todo la depredación de la naturaleza, en atención a que ese derecho sigue respondiendo a una concepción marcadamente "antropocéntrica"; a pesar que, con alcance innovador algunas Constituciones han propuesto reconocer directamente a la naturaleza el carácter de sujeto de derecho, con una cautivante aproximación biocéntrica, con la adopción de un modelo de desarrollo alternativo fundado en el principio ético-moral amerindio del "buen vivir"/"vivir bien".

El caso de la Constitución venezolana es revelador: el Título III de los Derechos Humanos y Garantías y Deberes, tiene un Capítulo (IX) dedicado a los derechos ambientales y, nos sirve a manera de ejemplo, el artículo 127 establece:

> "Es un derecho y un deber de cada generación proteger y mantener el ambiente en beneficio de sí misma y del mundo futuro. Toda persona tiene derecho individual y colectivamente a disfrutar de una vida y de un ambiente seguro, sano y ecológicamente equilibrado. El Estado protegerá el ambiente, la diversidad biológica, los recursos genéticos, los procesos ecológicos, los parques nacionales y monumentos naturales y demás áreas de especial importancia ecológica. El genoma de los seres vivos no podrá ser patentado y la ley que se refiera a los principios bioéticos regulará la materia."

Como podemos observar en Venezuela, el derecho al ambiente es de toda persona, y conlleva los principios de progresividad y no discriminación alguna, del goce y ejercicio irrenunciable e interdependiente de este derecho. (Artículo 19).

El enfoque actual del derecho ambiental latinoamericano, pese a sus ingentes avances, debe tener por objeto fortalecer las instituciones ambientales, generar mecanismos participativos de gestión, obtener fuentes alternativas de recursos financieros, apoyar e instrumentalizar políticas de desarrollo sostenible, establecer mecanismos de acción coordinada en instancias internacionales entre los estados amazónicos, incluso con otros países y de acceso a la justicia ambiental en la propia región amazónica en interés de la humanidad.

Definitivamente, desde hace tiempo los instrumentos jurídicos requieren de una gestión ambiental que debe tener presente que no pueden ni deben limitarse a un rol de protección en sentido absoluto, sólo con normas de restricción y prohibición. En palabras resumidas: la normativa aplicable al ambiente amazónico debe permitir hacer sustentable el derecho al ambiente para defender y preservar el bioma amazónico, con acciones que puedan tomarse para ello desde una instancia que se ocupe de tal objetivo y controle las actividades eventualmente permisadas por los países que integran esa instancia organizativa.

PRESENTACIONES

Luego de permitirme estas palabras iniciales con la finalidad de establecer el contexto de nuestro Panel, me corresponde presentar a sus integrantes, todos ellos distinguidos juristas académicos, representativos de países amazónicos:

1. El Dr. Sergio de Andréa Ferreira, numerario y secretario de la Academia Brasileira de Letras Jurídicas del Brasil, quien abordará el tema sobre la **"Normativa Ambiental y su efectividad en la Amazonia"**. Hará referencia a la discordancia entre la normativa ambiental y la realidad, ratificando que la cuestión amazónica constituye un tema central para el propio estado democrático de derecho. Aludirá también en su ponencia con referencias a la legislación ambiental brasileña.

2. La Dra. Cecilia Sosa, Individuo de número y segunda vicepresidente de la Academia de Ciencias Políticas y Sociales de Venezuela, expondrá su trabajo sobre **"La Naturaleza Jurídica de la Amazonia. Los intereses de su guarda y protección"**. Hará una reflexión sobre la eficacia de los instrumentos jurídicos internacionales adoptados por los 9 países amazónicos. En su exposición sugiere la creación de una organización técnica y económica en toda la región Amazónica, es decir, de una Autoridad Amazónica, para aplicar las normas en interés de la humanidad para lo cual debe proponerse un Tratado Internacional para la Amazonia.

3. El Dr. Ricardo Abello, Numerario de la Academia Colombiana de Jurisprudencia, expondrá sobre los **"Aportes Jurisprudenciales de la Corte Interamericana de Derechos Humanos a la protección del medio ambiente"**, dedicándose en su intervención a analizar los argumentos de cómo la Corte ha ido consolidando la relación entre los derechos humanos y el medio ambiente.

4. Integra también este panel, la Dra. Delia Muñoz, numerario de la Academia de Ciencias Morales, Políticas y Sociales del Perú, quien focaliza su ponencia en la **"Responsabilidad internacional del Estado en el contexto del tratado de Cooperación amazónica"**. Ella explicará como la aspiración de preservar el medio ambiente con crecimiento económico está condicionada por la necesidad de fusionar los extensos territorios de la Amazonia a la dinámica económica nacional.

5. Por su importancia temática incluimos en esta publicación un trabajo del Dr. Román José Duque Corredor, Individuo de Número y ex presidente de la Academia de Ciencias Políticas y Sociales, sobre **"La trasnacionalidad del Derecho Amazónico y la creación de la Defensoria de la Amazonia y del Tribunal de Derechos Humanos de los pueblos Amazónicos"**. Se trata de una propuesta novedosa para la creación de una instancia internacional donde los pueblos amazónicos puedan presentar sus reclamos a los fines de que los órganos que tiene a su cargo la ejecución del Tratado puedan reclamar al Estado victimario por los daños causados y exigirles su recuperación, considerando como delitos contra bienes de la humanidad y ademas la creación de una instancia de justicia universal mediante un tribunal de los Derechos Humanos de los Pueblos de la Amazonia.

6. Para finalizar también incluimos una ponencia presentada por la profesora Cristina Vollmer de Burelli, durante el World Law Congress, intitulada **"La minería ilegal en Venezuela y sus implicaciones regionales"**. La autora denuncia la catástrofe ambiental y humanitaria creada por la crisis de la minería ilegal del oro y de otros minerales en Venezuela, el narcotráfico, tráfico de maderas y fauna silvestre, como amenazas para la seguridad regional y hemisférica.

CONCLUSIÓN

Desde el momento que los derechos humanos ocupan el plano mundial, se ha internacionalizado su protección, con la fuerza de ser al mismo tiempo una materia regida por el derecho nacional y por el derecho internacional, y que sirve de medición a los países de más o menos Democracia y Estado de Derecho. No hay duda de que, el derecho al medio ambiente de cada persona debe estar garantizado por parte de los Estados.

De la sostenibilidad de la Amazonía depende el equilibrio climático global. De allí que el Papa Francisco en su carta encíclica "LAUDATO SI" sobre el cuidado de la casa común, hace un llamado urgente para proteger al medio ambiente y se pronuncia por la búsqueda de un desarrollo sostenible e integral.

Paz y ambiente son derechos humanos transversales y de primer orden, sin los cuales los demás derechos (vida, salud, libertad, seguridad) son irrealizables. Por eso este congreso sobre el estado de derecho es el lugar propicio para recordar que, sólo en regímenes políticos auténticamente democráticos, que garantizan efectivamente la separación de poderes, el respeto de los derechos humanos y las libertades públicas, se puede asegurar el desarrollo de un derecho ambiental de utilidad general para la protección del medio ambiente y una verdadera aplicación de la normativa ambiental.

NCY, 20 de julio de 2023

CUESTIÓN CRUCIAL: NORMATIVA AMBIENTAL Y SU EFECTIVIDAD EN LA AMAZONÍA

Sergio DE ANDRÉA FERREIRA[*]

1. Es en el mundo de las ideas donde se producen los fenómenos jurídicos, con la creación de derechos, facultades y deberes. Esto es la eficacia jurídica.

    1.1. Pero el Derecho no existe para permanecer en el mundo del pensamiento. Tiene por objeto la traducción de esos fenómenos en la conducta de los Poderes Públicos y de los particulares. Esa es su eficacia social.

    1.2. Lo que ocurre, sin embargo –cada vez con más frecuencia, por desgracia–, es que la conducta humana está reñida con ese marco ideal.

2. Es nuestro deber, aunque sea brevemente, señalar la discordancia entre la normatividad ambiental y la realidad, especialmente en relación con la Amazonia y, en concreto, con el escenario brasileño. Sin embargo, es cierto que Brasil atraviesa actualmente una fase de transición que nos permite esperar un futuro mejor.

3. Me gustaría dedicar mi breve intervención a los hombres que desempeñaron un papel fundamental en la defensa del bioma amazónico y de los pueblos nativos que habitan la selva.

    3.1. Quiero rendir homenaje al Mariscal Cândido Rondon, a los hermanos VillasBoas y al llorado líder Chico Mendes, todos ellos conocidos y reconocidos internacionalmente.

4. Es necesario, preliminarmente, señalar que la cuestión amazónica, además de su relevancia ambiental, económica y social, constituye un tema central para el propio Estado Democrático de Derecho, ya que éste debe velar por el cumplimiento de las leyes y demás actos normativos, así como proporcionar las condiciones necesarias para que el Poder Público controle, fiscalice, prevenga y reprima las prácticas ilícitas. Estas atentan contra la ciudadanía

---

[*] Miembro y Secretario General de la Academia Brasileña de Letras Jurídicas.

y los derechos humanos, y consentirlas equivale a debilitar la institucionalidad democrática.

4.1.   Es también una cuestión que atañe a la Paz, pues basta recordar los enfrentamientos entre excavadores e indígenas; y a la Libertad, pues implica el respeto a la forma de ser y de vivir de estos últimos, así como impedir el abuso de poder económico, practicado por empresas interesadas en los bienes amazónicos, en nombre de la libre empresa.

5.   Es fácil comprender la importancia de la Amazonia, no sólo para los nueve países sudamericanos a los que llega, sino para todo el continente y el mundo, por el papel de la selva en la distribución de la humedad, en la concentración de dióxido de carbono, que contribuye a la regulación del clima, tan gravemente golpeado por el efecto invernadero, el desafío más importante de la humanidad.

5.1   Sus maravillas naturales la convierten en la mayor cuenca hidrográfica de la Tierra, con el 20% del agua dulce, 1/3 de los árboles y el 60% de todas las formas de vida del planeta.

5.2.   Un elemento de su riqueza es su biodiversidad, también la mayor del mundo.

6.   La Constitución brasileña dedica un Capítulo entero al medio ambiente (art. 225 y §§), caracterizándolo como *"bien de uso común del pueblo"* y confiriendo a todos el derecho de disfrutarlo en condiciones de equilibrio ecológico. Por otro lado, impone al Poder Público y a la colectividad el deber de defenderlo y preservarlo para las generaciones presentes y futuras: esto es la sustentabilidad, traduciendo el derecho adquirido de estas generaciones a la fruición ambiental.

6.1.   En este Capítulo (Párrafo 4º del Artículo 225), la Carta Política declara *"patrimonio nacional"* la Selva Amazónica Brasileña.

6.2.   La legislación infra constitucional es abundante –aunque con defectos– abarcando, por ejemplo, un Código Forestal (Ley número 12.651/12); la Ley de Protección de la Fauna (Ley número 5.197/67); otra que prevé la creación de estaciones ecológicas y áreas de protección ambiental; la que organiza el Sistema Nacional de Unidades de Conservación de la Naturaleza (Ley número 9.985/00); y la Ley de Delitos Ambientales, a lo que se añade el Estatuto del Indio.

6.3.   Judicialmente, la legislación garantiza amplios medios de defensa, como la Acción Popular, abierta a ciudadanos; y la Acción Civil Pública, que ha visto ampliada la lista de legitimados.

7.   En el ámbito internacional, Brasil está comprometido con las buenas prácticas ambientales; es signatario de tratados y convenciones como el Acuerdo de París, la Convención Marco de las Naciones Unidas sobre el Cambio Climático y el Convenio sobre la Diversidad Biológica.

7.1. Río de Janeiro acogió la ECO-92, la Conferencia de las Naciones Unidas sobre Medio Ambiente y Desarrollo, llamada Cumbre de la Tierra, que representó un hito en los debates sobre la preservación del medio ambiente y el desarrollo sostenible.

8. Es imposible disociar el medio natural amazónico de su universo social, ya que alberga pueblos nativos, distribuidos en aproximadamente 180, con un total de 440.000 personas, en 46 grupos indígenas, aislados o con poco contacto.

8.1. La legislación brasileña contempla este conjunto de pueblos, a partir de los artículos 231 y 232 de la Constitución Federal, que reconoce su organización social, costumbres, lenguas, creencias y tradiciones, así como sus derechos originarios sobre las tierras que tradicionalmente ocupan. Estas tierras son inalienables e indisponibles y los derechos sobre ellas son imprescriptibles.

9. La realidad, sin embargo, evidencia la distorsión de esta normatividad por parte de varias categorías de protagonistas que actúan en la escena amazónica.

10. Existen diversas causas de agresión al binomio *"preservación/conservación"*, que llevan a la degradación y destrucción, con pérdida sustancial de área boscosa, en el camino de la *"sabanización"* y desertificación. Podemos señalar la deforestación, el comercio ilegal de madera, la minería, la ocupación ilegal de tierras, el avance de la frontera agrícola y ganadera, la realización de obras públicas, como la construcción de las cuestionadas Centrales Hidroeléctricas.

11. Las consecuencias destructivas alcanzan porcentajes significativos en varios países. Así, Bolivia ya ha perdido cerca del 8% de su superficie forestal; Colombia, el 12%.

12. La deforestación, además de su poder ruinoso, aumenta la susceptibilidad a los incendios; siendo que, en el área brasileña, en 2017, hubo 107 mil focos. El récord fue establecido en 2004, con 218 mil.

12.1. En Brasil, hasta 1960, la deforestación había alcanzado apenas el 1% de la floresta. En 2014, 27 mil hectáreas^2 fueron deforestadas. En 2012, sin embargo, hubo una reducción del 80%, alcanzando, al final del período, 4 mil. El país recibió, entonces, del Grupo Intragubernamental de Expertos sobre el Cambio Climático de la ONU, el reconocimiento de que esa fue la mayor contribución de un país en la lucha contra el calentamiento global.

12.2. En los últimos tiempos, la destrucción, permitida o incluso fomentada por los Poderes Públicos, ha alcanzado una media de aproximadamente 12.000 km^2 por año, lo que ha llevado a Brasil a perder en total cerca del 18% de su superficie forestal.

13. El Estado brasileño ha contribuido a este escenario de aniquilación.

    13.1. Además de las deficiencias normativas legales, una regulación administrativa parcialmente inadecuada; la ausencia de políticas públicas apropiadas y el uso de otras nocivas; la deficiencia de los requisitos para el otorgamiento de licencias ambientales; la omisión en el papel fiscalizador, a lo que se suma, muchas veces, la propia connivencia administrativa.

14. Aparecen muchas empresas privadas, incluso multinacionales, practicando el ejercicio abusivo del poder económico, y haciendo uso de expedientes ilícitos, practicados por grandes conglomerados en el sector de la producción y distribución de carne; así como empresas mineras, madereras, aserraderos.

    14.1. Los actos ilícitos incluyen el uso de mano de obra esclava; el agronegocio agresivo, la ganadería extensiva; la explotación minera destructiva en zonas ricas en oro, hierro, aluminio y manganeso; la ocupación ilegal de tierras públicas para ventas fraudulentas; el mercado interno y de exportación de *"madera ilegal"*.

15. Añadamos, a estos males, la falta de respeto a las reservas naturales y a las unidades de conservación y preservación.

16. Agreguemos el escenario de criminalidad, en el que ocurren asesinatos, como los del activista indígena Bruno Pereira y del periodista Dom Philips, en octubre de 2019. No olvidemos la tragedia humanitaria en la tierra indígena Yanomami; que incluso generó acusaciones de genocidio, ante el Supremo Tribunal Federal y la Corte Penal Internacional.

17. Pero, como ya se definió, el momento actual es de fundamental importancia. Brasil vive la transición de un período de graves anomalías en la conducción del Poder Público y de prácticas económicas y sociales ofensivas al medio ambiente amazónico y a los pueblos nativos; a otro, de tentativa de higienizar esas prácticas y evitar esas agresiones.

18. En la Administración Pública Federal, reapareció el Ministerio del Medio Ambiente, que había sido creado en 1985, pero que se había convertido, en diversos momentos, en una simple Secretaría. Ahora, con el agregado del nombre, y Cambio Climático. Su titular es Marina Silva. Nacida en una plantación de caucho en el estado amazónico de Acre, ella y su familia vivían en una casa de palafitos. Fue senadora y fundadora del partido político Rede Sustentabilidade. Ya en el cargo, ha luchado por la defensa del medio ambiente, frente a intereses partidistas y económicos. Es un nombre respetado internacionalmente.

19. El Presidente Lula, en su primer acto de gobierno, promulgó una Medida Provisoria creando el Ministerio de los Pueblos Indígenas. El mismo día, Sônia Guajajara, Diputada Federal elegida en 2022, fue nombrada Ministra, y se convirtió en la primera indígena en ocupar un cargo ministerial en el Gobierno brasileño.

19.1. El 2 de enero se anunció que Joênia Wapixana, la primera mujer indígena elegida Representante Federal en la Historia de Brasil, se convertiría en presidenta de la Fundação Nacional do Índio – FUNAI.

20. Se reactivó el Fondo Amazonia, que recibe donaciones de países extranjeros y de empresas estatales brasileñas; bajo la condición de reducción de las emisiones de gases de efecto invernadero, y de comprobar la reducción de la deforestación en la Amazonia.

21. Poco después de ganar las elecciones de 2022, el Presidente electo fue invitado a asistir a la Conferencia de las Naciones Unidas sobre el Cambio Climático (COP27), en Egipto.

21.1. Y proclamó: *"Brasil está de vuelta en el mundo"*. Ese fue el tono del discurso del Presidente: *"Estoy aquí para decir que Brasil está listo para reincorporarse a los esfuerzos por construir un planeta más sano, un mundo más justo, capaz de acoger, con dignidad, a la totalidad de sus habitantes, y no sólo a una minoría privilegiada"*.

21.2. Por cierto, la ciudad brasileña de Belém do Pará, ubicada en la región amazónica, será sede de la COP30 en 2025.

21.3. Esperamos que este *"retorno"* suponga una inversión efectiva del panorama presentado hasta ahora.

22. Fuerzas políticas y económicas opuestas socavaron, sin embargo, esta evolución.

22.1. Asimismo, al evaluar la estructura de Ministerios, el Congreso Nacional ha reducido la competencia del Ministerio de Medio Ambiente y Cambio Climático y del Ministerio de Pueblos Indígenas.

22.2. Además, la Cámara de Diputados aprobó, estando en trámite en el Senado Federal, el Proyecto de Ley, que establece el día en que se promulgó la Constitución Federal, como límite de tiempo para el reconocimiento de *tierras tradicionalmente ocupadas* por los pueblos indígenas; objeto de su derecho originario garantizado por la Carta Política. La cuestión también está siendo juzgada por el Supremo Tribunal Federal.

23. Por último, tratemos a la Amazonia con respeto y, sobre todo, con afecto y amor. Como lo hizo el Papa Francisco, en su Exhortación Apostólica, cuando dijo que, *"con todo su esplendor, su misterio y su drama"*, es lo que se presenta, *"a los ojos del mundo"*: nuestra muy *"Querida Amazonia"*.

NCY, 20 de julio 2023

LA NATURALEZA JURÍDICA DE LA AMAZONIA LOS INTERESES DE SU GUARDA Y PROTECCIÓN

Cecilia Sosa Gómez[*]

Sumario: Punto Previo: ¿De que estamos hablando: de proteger la Amazonia? I. El Dorado del Nuevo Mundo. II. La Amazonía una unidad natural repartida en 9 países. III. La inmensidad de la Amazonia y la Actividad Económica. IV. Los tratados Amazónicos. V. A manera de propuesta. Anexos.

PUNTO PREVIO: ¿DE QUE ESTAMOS HABLANDO? DE PROTEGER LA AMAZONIA

Lo primero que se asocia a la Amazonía es su riqueza, la que ha permitido la subsistencia y desarrollo de formas de vida únicas. Sus ecosistemas caracterizados por una gran biodiversidad que alberga más de 30.000 especies vegetales; cerca de 2.000 especies de peces, 60 especies de reptiles, 35 familias de mamíferos y, aproximadamente 1.800 especies de aves.

Un elemento fundamental marcador de su majestuosidad es disponer del 16% de toda el agua dulce del mundo que escurre en la Cuenca Amazónica, con un promedio superior a los 175.000 m³/s. Se caracteriza por altas precipitaciones y, en su mayoría está ocupada por bosque húmedo tropical. Los bosques amazónicos representan algo más del 56% del total mundial de bosques árboles de

---

[*] Abogado, graduada en la UCV. Doctor en Derecho Universidad Paris 1, La Sorbona. Investigador adscrito al Instituto de Derecho Público, UCV. Director del Centro de Investigaciones Jurídicas, UCAB. Profesor visitante Cátedra Andrés Bello, Oxford, Inglaterra. Profesor de la Escuela de Derecho de la Facultad de Ciencias Jurídicas y Políticas de pre y post grado de la UCV, UCAB y UAM. Juez de la República desde 1985 hasta 1999 Magistrado Presidente de la Corte Suprema de Justicia. Presidente de la Organización de Cortes Supremas de las Américas. Director Académico de la organización Bloque Constitucional de Venezuela. Desde 2015 Miembro de Número de la Academia de Ciencias Políticas y Sociales.

hoja ancha como caoba, cedro, hormigo, granadillo, entre otros, calificadas como plantas superiores del reino vegetal.

Aproximadamente el 3% del área de la región, o sea cerca de 22 millones de ha. (220.000 km²), ha sido declarada por los gobiernos de los países amazónicos como parques nacionales y áreas protegidas.

La Amazonía es una reserva de biodiversidad, pero igualmente es una fuente de recursos para el desarrollo. Contiene una de las mayores reservas conocidas de bauxita (cerca del 15% del total mundial), y una de las mayores proveedoras de hierro y acero a los mercados mundiales. La madera y los productos derivados; oro y estaño, son otros productos con creciente demanda para exportación.

Llegó el momento de armonizar entre preservar y explotar la Amazonia, en interés de los países que se agrupan en torno a ella y al resto de los países que se interesan por el cuido del planeta. La importancia del agua y el oxígeno[1] que allí se produce es la esencia de su existencia.

¿Cómo lograr un manejo adecuado de los recursos naturales de la Amazonía, que sea beneficioso para los países de la región y para los países que han entendido que la vida del planeta es la vida de los seres que habitamos en él?

I. EL DORADO DEL NUEVO MUNDO

El objeto de este trabajo es determinar los diversos tratamientos jurídicos que han recibido **las tierras de la Amazonia**, desde que fueron "descubiertas" y qué importancia tiene el equilibrio ecológico y los bienes jurídicos ambientales como patrimonio común e irrenunciable de la humanidad,[2] ante los cambios del mundo globalizado. Es momento de preguntarnos cómo preservar lo que las generaciones que nos siguen necesitarán.

Cuando ese suelo firme fue descubierto por los europeos en el siglo XVI, era considerado en la Conquista y la Colonia, como parajes difíciles y misteriosos, pero atractivos por sus bienes naturales, lo cual se reflejó inicialmente en las Capitulaciones de Toledo de 1549, firmadas por la Corona española y Diego de Vargas para explorar el Amazonas y las tierras adyacentes, continuando la saga iniciada por Orellana en 1542, en su búsqueda infructuosa del país de La Canela y El Dorado.

Desde la Conquista y a lo largo de varios siglos, se ha querido subyugar a este territorio por fuerza de la apropiación material, apoyada invariablemente en diversas categorías jurídicas que obedecen en algunos casos a visiones extracti-

---

[1]   El oxígeno es indispensable para la vida tal y como la conocemos, en especial por su capacidad para formar junto al hidrógeno la molécula de agua (H_2O).

[2]   Prólogo de la Constitución de la República Bolivariana de Venezuela 1999. "...promueva la cooperación pacífica entre las naciones e impulse y consolide la integración latinoamericana de acuerdo con el principio de no intervención y autodeterminación de los pueblos, la garantía universal e indivisible de los derechos humanos, la democratización de la sociedad internacional,

vas y reduccionistas, desconociendo el potencial natural, simbólico, cultural y estratégico de la Amazonía, tendencia que poco a poco se ha revertido, sin que aún sea posible encontrar una figura legal que comprenda su verdadera realidad y por ende le brinde la protección debida a este macro-ecosistema.[3]

Durante la Colonia, el interés por la región, catalogada por el derecho indiano como **bien común** bajo dominio de la Corona, se redujo poco a poco debido a la resistencia indígena, las difíciles condiciones de acceso y sus características climáticas y naturales, aislándola económica y socialmente.

II. LA AMAZONÍA UNA UNIDAD NATURAL REPARTIDA EN 9 PAÍSES

Bioma amazónico

el desarme nuclear, para promover...la garantía universal e indivisible de los derechos humanos, la democratización de la sociedad internacional, el desarme nuclear, el equilibrio ecológico y los bienes jurídicos ambientales como patrimonio común e irrenunciable de la humanidad;..." (destacado nuestro).

3   Así lo expresa Javier Alfredo Molina Roa en su artículo Ropajes Jurídicos de la Amazonía. https://medioambiente.uexternado.edu.co/los-ropajes-juridicos-de-la-amazonia/ y Véase: "Derecho de la Naturaleza". Elementos para un debate. Universidad Externado de Colombia 2020.

La Amazonía ha presentado para el derecho la dificultad de otorgarle la naturaleza jurídica que corresponde. La justicia colombiana la ha calificado como **sujeto de derecho**, y en otros escenarios culturales se la declara **patrimonio común de la humanidad**, que para algunos estudiosos no es precisamente un concepto jurídico; se la ha calificado igualmente como **Bien Común a Proteger**; también se ha discutido la necesidad de un **Estatuto para la Amazonía**, buscando internacionalizar la Amazonía mediante un tratado, con el impedimento de las naciones cuyos límites territoriales precisamente están trazados en esta inmensa biosfera; se le ha calificado de **pulmón del mundo** y en realidad es un sistema de lluvias que se refiere a una **reserva de biosfera para todo el planeta**. Así, La Amazonía es la selva tropical más grande del mundo y sin duda uno de los **ecosistemas más ricos en biodiversidad** de todo el planeta.

Su conservación se ha convertido en los últimos años en uno de los retos más grandes en lo que al medioambiente se refiere. Esto, en parte por la creciente deforestación a la que se ha visto sometida, lo que significa un alto riesgo para el cambio climático.

Sin embargo, su protección no ha sido una tarea sencilla. Además de la deforestación y la caza ilegal, el cuidado de esta enorme selva ha sido complejo dada su vasta extensión que atraviesa varios países de la región.

Se ha propuesto inclusive desligar a esta región del concepto de soberanía que sobre ella ejercen nueve países: Brasil, Perú, Colombia, Venezuela, Ecuador, Bolivia, Surinam, Guyana y Guayana Francesa, para lograr desarrollar una efectiva conservación de su patrimonio cultural y natural que resulta de vital importancia global para todos los seres humanos.

La realidad es que cada país que tiene soberanía sobre tierras amazónicas dispone de su propio régimen jurídico y administrativo para tratarlo, lo que significa diferentes políticas económicas, sociales y culturales para con esa unidad biológica, sin tenerse claro ¿Cuál es la agenda climática de cada gobierno en las tierras de la Amazonia?

En esta línea de pensamiento se ha señalado que debe promoverse un tratado en la Organización de Naciones Unidas (ONU), en el que todas las naciones del mundo se comprometan con la preservación y protección del Bioma Amazónico que es inigualable e irremplazable.

La Amazonia también ha sido definida desde el Derecho Internacional como **región de importancia geopolítica**.

III. LA INMENSIDAD DE LA AMAZONIA Y LA ACTIVIDAD ECONÓMICA

La **Amazonía a vestido múltiples ropajes jurídicos** (casi nunca a su medida), confeccionados por los estados en que quedó dividida, que ha dado primacía a las necesidades de desarrollo económico y a una ambigua idea de progreso, sin hacer mayores esfuerzos normativos para terminar de levantar el velo que aún cubre una de las zonas más importantes, pero a su vez más aisladas de los países que la poseen, e incomprendida pues siempre lo que se busca es integrarla plenamente a la realidad nacional.[4]

Si bien ello podría contribuir a una mejor comprensión de la dinámica ambiental, social, cultural y simbólica de este bioma y de cómo mantener sus atributos eco-sistémicos, en realidad ha quedado en evidencia que se requiere **una acción geopolítica estratégica inaplazable.**

Tenemos ejemplos localizados como el de la República de **Colombia,** quien logró Bajo un enfoque de *International Soft Law* que el Parque Nacional Natural de *Chiribiquete* fuera declarado por la UNESCO en 2018 como **Patrimonio Mixto (biológico y cultural) de la Humanidad.**[5] Sin embargo, aún con este régimen jurídico el área que ocupa perdió más de 1.000 hectáreas en solo los últimos seis meses [septiembre 2020 – febrero 2021], en seis distintas zonas del parque. Gran parte de esta deforestación parece estar asociada con la **conversión de bosque primario a pasto para la ganadería ilegal.** Estos eventos ocurren igualmente en el resto de los países a los que se extiende este sistema de bosque.

En Colombia el 28,4% de la zona Amazonía se encuentra bajo el régimen legal de Áreas Protegidas, principalmente Parques Nacionales Naturales y aproximadamente el 50% de su extensión se conserva bajo la figura de los Territorios Indígenas, creados en la Constitución Política de 1991, en un proceso tardío y conflictivo de relacionamiento de la sociedad nacional con las sociedades indígenas.[6, 7]

Venezuela es amazónica por cuanto una parte de su territorio forma parte de la **cuenca hidrográfica del río Amazonas**, justamente uno de las 23 entidades federales, es el Estado Amazonas. Ahora bien, una parte mucho mayor integra lo que se llama la **Orinoquia**, que está formada por la **cuenca hidrográfica del río Orinoco**, la cual constituye igualmente un bioma o región natural similar a la Amazonía.

---

[4] La declaración de la Amazonía como sujeto de derechos en la sentencia STC4360-2018 dictada por la Sala Constitucional de Colombia, como respuesta en la administración y gobernanza de la región amazónica, es uno de los últimos intentos jurídicos surgido a iniciativa de los operadores judiciales, para lograr estándares mínimos aceptables de protección y conservación de su patrimonio natural, de cara a los desafíos planteados por el Antropoceno. Así, bajo el poder del Derecho, la Amazonía ha sido sucesivamente propiedad de la Corona española, bien de interés común, tierra de salvajes, territorio especial, tierra baldía adjudicable, protectorado de la Iglesia católica, Comisaría, Intendencia, zona de colonización, zona de reserva forestal, área protegida, región de interés geopolítico, Departamento, territorio indígena y recientemente sujeto de derechos, sin que estas definiciones jurídicas hayan incidido de forma decisiva en la preservación de sus tesoros naturales y la cultura de sus habitantes originales. https://medioambiente.uexternado.edu.co/los-ropajes-juridicos-de-la-amazonia/

[5] *El Parque Nacional Serranía de Chiribiquete tiene 4,3 millones de hectáreas protegidas.*

[6] "...urge que los países se tomen más en serio lo que está pasando", comenta Laura Santacoloma, directora de la línea de Justicia Ambiental de la organización no gubernamental Dejusticia.

[7] Lee más | Colombia: al menos 437 incendios diarios se presentaron en los bosques durante enero de 2023.

En el **caso de Venezuela,** la problemática de la Amazonía no es distinta, llena de Parques Nacionales y Reservas de Biósfera y todo tipo de figuras para su preservación, más sin el control de lo que sucede en esas áreas de régimen especial, y en casos usándolas para atraer turistas sin las debidas previsiones, produciendo acciones de intervención absolutamente diferente a lo regulado.

La minería ha invadido áreas protegidas como los parques nacionales Canaima y Yapacana. La situación en Yapacana tiene un agravante y es que está ubicado en el Estado Amazonas, donde la minería es ilegal desde la década de los noventa.[8]

Por ello se considera que la región amazónica de Venezuela, localizada principalmente al sur del país en la extensión de la margen derecha del rio Orinoco, ocupa principalmente dos de los estados más extensos del país: Bolívar y Amazonas, que con el estado de Delta Amacuro al noroeste del país y con una pequeña porción del estado apure al sur-oeste, suman 491.389 km², conformando más de 50% del territorio nacional; a lo que habría que sumarle la Zona en reclamación del Esequibo, con159.000 km2.[9]

La región amazónica de Venezuela si bien posee baja densidad de población (aprox. 20 hab / km²), representando sólo el 8,5% de la población total de aproximadamente de 32 millones hab., sin embargo, en la zona de los estados señalados, habitan 24 pueblos originarios de la totalidad que viven en Venezuela.

La extracción ilegal de oro, especialmente en el estado de Bolívar y Amazonas, donde se encuentran el 60% de los yacimientos de todo el país, han atraído grandes flujos migratorios del interior y de los países vecinos, produciendo **grandes daños ambientales e impactos negativos en los pueblos originarios de estos estados.**[10]

Además, en los últimos años, el Estado venezolano, ante la baja del precio y de la producción del petróleo crudo, a través de convenios con diversos países y empresas transnacionales, emprendió **una nueva política minera de forma vertiginosa e invasiva,** lo que ha generado consecuencias devastadoras de la destrucción de la naturaleza y la exclusión y agresión a los pueblos que habitan en la región.

---

[8] Es el caso que la Venezuela actual, quien contamina y no protege el ambiente, más bien destruye los ecosistemas es el propio régimen a través de sus órganos administrativos sean éstos parte de la Administración Pública central o descentralizada. La pregunta es cómo preservar el ambiente del orden público infringido, por quien está llamado a protegerlo. Cecilia Sosa Gómez. "Estado Constitucional y los Bienes Jurídicos Ambientales." Boletín de la Academia de Ciencias Politicas y Sociales. Boletín N 159 enero2019.

[9] Wataniba. Grupo de Trabajo Socioambiental de la Amazonia. https://watanibasocioambiental.org/coleccion-2-0-de-mapas-anuales-de-cobertura-y-uso-del-suelo-de-la-amazonia-1985-2018/

[10] Observatorio de Ecología política de Venezuela. Vladimir Aguilar Castro Expansión de las fronteras extractivas y guardianes de la selva: los límites culturales a la crisis climática global. 9 de junio de 2023.

En el Estado Amazonas, la degradación ambiental minera se presenta en el Parque Nacional Cerro Yapacana y en las zonas donde habitan los indígenas yanomami,[11] como la sierra del Parque Nacional Parima Tapirapecó y el cerro Delgado Chalbaud. **Cerca de la frontera con Brasil se ha expandido la minería ilegal y de ese país provienen los mineros que están explotando la zona.**[12]

"Los principales motores de **pérdida de bosque serían la minería ilegal, la actividad agropecuaria y la expansión de áreas urbanas**. Aunque la actividad agropecuaria es la que mayor área ha deforestado, la tendencia de mayor crecimiento es la minería" "Se han perdido más de **790.500 hectáreas de bosque en el periodo 2000-2020** en los estados amazónicos de Venezuela, como consecuencia de la expansión de actividades agropecuarias, mineras y, en menor medida, desarrollo de infraestructura".[13] La velocidad de crecimiento de la **deforestación amazónica en Venezuela** es la más alta en la región. Particularmente la del bosque primario".[14]

Esta tendencia empeoró, cuando el régimen de Nicolás Maduro **creó el Arco Minero**, una política de minería en un polígono específico, pero que se ha expandido fuera de sus límites.[15] "Con la intensificación de estas actividades en la región entre 2015-2020, la tasa de expansión en este periodo supera las 75 000 hectáreas por año".[16]

El Arco Minero ha tenido un grave impacto sobre el medio ambiente. Aunque la minería que opera dentro de dicha área tiene autorización legal del gobierno, hay constantes denuncias sobre sus malas prácticas ambientales, contaminación y destrucción de ecosistemas. "Tanto dentro como fuera del área del Arco Minero, la minería es ilegal debido a la utilización del mercurio y los abusos de derechos humanos", comenta Cristina Burelli de SOS Orinoco. El experto que pidió protección de su identidad dijo que esa minería es ilegal porque "el Arco Minero se creó sin aprobación de la Asamblea Nacional, además de que la mayor parte del oro exportado desde Venezuela no es declarada al Banco Central y se envía como contrabando".[17]

---

[11] Los yanomamis el mayor grupo indígena aislado de la Amazonía se muere. Emisora Costa del Sol 93.1 FM27-03-2023. https://www.costadelsolfm.org/2023/03/27/los-yanomamis-el-mayor-grupo-indigena-aislado-de-la-amazonia-se-muere/

[12] Un estudio anterior de SOS Orinoco denunció la existencia de al menos 50 focos de minería ilegal durante el 2022 en este estado y en tierras yanomami. Según datos de SOS Orinoco y Clima21, los ríos más afectados por la minería son Cuyuni, Caura, Atabapo, Ventuari y Caroní.

[13] Lo dice el reporte "Cobertura del suelo en la Amazonía venezolana" de SOS Orinoco, una organización de la sociedad civil venezolana de denuncia e incidencia.

[14] Véase Clima21.

[15] A partir de ese momento la deforestación se aceleró. No solo por la minería directamente, sino por la actividad de sostén asociada a esta, como la deforestación por temas agropecuarios, para alimentar a los mineros.

[16] (Describe el informe Evolución de la degradación ambiental por minería ilegal en Yapacana. Crédito: MAAP Program of Amazon Conservation)

[17] Fundaredes. Informe Ambiente, Economía Paralela y el daño ambiental en el Arco Minero del Orinoco. 2023.

"Gran parte de la actividad minera se está haciendo fuera del polígono del Arco Minero (ocurriendo en parques nacionales), pero también dentro del mismo; cuya superficie cubre el 12 % del país y es más grande que varios países europeos.[18, 19]

Lo cierto es que mientras tanto la biodiversidad y los pueblos indígenas de las zonas mineras siguen en constante riesgo.[20]

Lo cierto es que el **65% de la selva amazónica está en Brasil** y se estima que desde 1970 ese país ha perdido unos 700.000 km² que han sido deforestados. Esta área es equivalente a la superficie de Francia y Bélgica y representa el 80% de toda la deforestación reciente en la Cuenca Amazónica.[21]

A pesar de la destrucción del Amazonas brasileño, la selva sigue siendo la masa más grande de bosque tropical en el mundo. La ganadería es responsable de cerca del 70% de toda la pérdida. Las otras actividades responsables son la producción de soja y la tala ilegal.

Otros factores en Brasil son la construcción de nuevas represas hidroeléctricas y de caminos a través de bosques. Esto porque permiten el acceso a tierras de bajo costo y atraen a nuevos inmigrantes. Brasil es el mayor exportador mundial de soja y carne. Gran parte de esta producción responde a una creciente demanda mundial, particularmente de economías asiáticas, China en particular.

Estos ejemplos de lo que ocurre con la Amazonía: Colombia, Venezuela y Brasil, nos obliga a aceptar que lo que se ha realizado y propuesto, nacional o internacionalmente, hasta ahora **no ha sido efectivo para tratar esta gigantesca región cómo merece la humanidad**; han sido paliativos verbales y escritos que no han impedido las acciones destructivas que la han ido afectando y en algunos casos, desapareciendo el reservorio de agua más importante de la tierra; que es un bien que puede llegar a generar, por su escasez, la crisis de supervivencia de los seres vivientes.

---

[18] El objetivo de SOS Orinoco es documentar y dar visibilidad a toda la problemática de la Amazonia, Orinoquia y la Guayana venezolanas, crear conciencia sobre la tragedia que está ocurriendo y perfilar algunas medidas urgentes que se deben tomar para detener el desastre humano y ecológico que se está desarrollando. https://sosorinoco.org/es/quienes-somos/

[19] "Sin gasolina no se mueve la minería. Y la gasolina la controlan las Fuerzas Armadas Nacionales de Venezuela. Hay pistas aéreas ilegales para la salida del oro. Yapacana, por ejemplo, es un feudo de las guerrillas colombianas o las disidencias de estas. Lo más grave es la aceptación de esta situación por parte de la Guardia Nacional Bolivariana venezolana. La provisión de víveres y repuestos de minería a Yapacana se hace desde Colombia y el oro sale por Inírida, Guainía, en el vecino país", comenta el experto de SOS Orinoco.

[20] Leer más datos: | Más de cuatro millones de hectáreas de bosques podrían perderse en la Amazonía colombiana si no se toman medidas contra la deforestación | ESTUDIO https://es.mongabay.com/2023/03/deforestacion-en-amazonia-colombiana-bosques/

[21] *Fondo Amazonía tras reunión de los presidentes Lula da Silva y Biden, aunque no se especificaron cifras.* Estados Unidos anuncia apoyo al Fondo Amazonía tras reunión con Lula y Biden. Se espera una inversión inicial de US$ 50 millones. *EL libero sección Internacional.* Sábado 11 de febrero de 2023.

IV. LOS TRATADOS AMAZÓNICOS

El Tratado de Cooperación Amazónica (TCA) firmado el 3 de julio de 1978, y ratificado por los países que comparten la Amazonía: Bolivia, Brasil, Colombia, Ecuador, Guyana, Perú, Surinam y Venezuela, es el instrumento jurídico que reconoce la **naturaleza transfronteriza de la Amazonía** y busca el desarrollo de la región y su incorporación a las economías nacionales en un marco de utilización racional de los recursos naturales, especialmente el hídrico.

El tratado está calificado como de naturaleza técnica con miras a promover el desarrollo armónico e integrado de la cuenca, como base de sustentación de un modelo de complementación económica regional que contemple el mejoramiento de la calidad de vida de sus habitantes y la conservación y utilización racional de sus recursos.

Luego de analizar la experiencia acumulada y los resultados y recomendaciones de los estudios realizados, así como de los planes, programas y proyectos de cooperación y desarrollo fronterizo, se concluye que para existir una relación más satisfactoria entre la sociedad y la naturaleza se debe prever oportunamente los cambios ocasionados por actividades humanas con el fin de minimizar por eventuales conflictos.

De manera que la conclusión es clara: para que exista una relación más satisfactoria entre la sociedad y la naturaleza se debe prever oportunamente los cambios ocasionados por actividades humanas con el fin de minimizar por eventuales conflictos, y comprender que otros estados pueden estar interesados en proteger la Amazonía por cuanto lo ven como una protección a la vida en el planeta.

Por su parte el Acuerdo de Escazú, aprobado en 2018 por la Comisión Económica para América Latina y el Caribe (CEPAL), entró en vigencia en 2020, en él se aborda aspectos fundamentales de la gestión y la protección ambiental desde una perspectiva regional, regula los derechos de acceso a la información, la participación pública y la justicia en ámbitos tan importantes como el uso sostenible de los recursos naturales, la conservación de la diversidad biológica, la lucha contra la degradación de las tierras, el cambio climático y el aumento de la resiliencia ante los desastres. Asimismo, este instrumento busca que los Estados se comprometan a la protección de los defensores de derechos humanos ambientales y de los territorios.

Hasta abril de 2023, Venezuela es uno de los ocho países que no lo ha suscrito en la región. Esto a pesar de que es un territorio donde la minería, los derrames petroleros y la deforestación, entre otros problemas destruyen ecosistemas sensibles.[22]

---

[22] El profesor venezolano Henrique Meier Echeverría escribe a mediados de los años 70 que la "conservación de los recursos naturales renovables, no es sólo un problema jurídico. Es ante todo económico, social, político y cultural; mientras nuestro pueblo desconozca, por una actitud de incultura, los débiles y complejos lazos que le unen a la naturaleza, tendremos las mejores leyes conservacionistas y, no obstante, el drama de la destrucción de nuestros recursos conti-

El hecho de que Venezuela no se adhiera y ratifique este Acuerdo, tiene consecuencias sobre cada uno de nosotros. No es trivial saber sobre la calidad del agua, sobre la cantidad de mercurio que hay a nuestro alrededor, si estamos en un área de inundación y vamos a perder nuestras viviendas. La falta de información mata personas, y por eso es importante el Acuerdo".[23]

V.   A MANERA DE PROPUESTA

Se habla de una "agenda internacional de problemas" o de una "agenda global", vista la necesidad de plantear una "política pública internacional" para diseñar las estrategias necesarias para lograr un **mínimo de desarrollo y paz** para todos los habitantes del Planeta, así como la preservación del *habitat terrestre* para las generaciones futuras.

Uno de los principales temas que concitan la atención internacional está referido a las **actividades que se desarrollan en el territorio de un Estado, pero que causan efectos más allá de sus fronteras**; éstos, son los casos de la contaminación ambiental; la deforestación; las especies animales y vegetales; y los problemas económicos vinculados a los llamados "recursos naturales compartidos" que son aquéllos comunes a varios Estados, como los cursos de aguas internacionales, la producción de oxigeno del ciclo hidrológico, los acuíferos, las ondas radiales, entre otros, que requieren el manejo coordinado de los países que los comparten y además incorporar a aquellos que pueden apoyar las acciones de protección en función del bien de los habitantes de los Estados.

Uno de los grandes dilemas de nuestros días, es que **se acrecienta el conflicto entre las posibilidades de utilizar los recursos naturales y la necesidad de mejorar las condiciones de vida humana utilizando para tales efectos los avances científicos aplicados a la extracción y producción masiva de bienes**, teniéndose plena conciencia que en buena parte dichas técnicas tienen, a su vez, la capacidad de extinguir rápidamente las especies y deteriorar las condiciones ambientales produciendo, falta de agua y de un clima adecuado para los seres vivos. Los daños irreversibles no tienen remedio. Estos, entre otros problemas que no pueden ser solucionados unilateralmente, hacen nacer el planteamiento de una "agenda global" y a la acción coordinada de los Estados.

Es por ello, que luego de realizado el análisis sobre los problemas de la Amazonia que evidencian y demuestran que los instrumento jurídicos nacionales que se han adoptado en los diferentes 9 países, no han resultado eficaces para los fines que se propusieron; **resulta entonces vital trabajar internacionalmente en la creación en una estructura supranacional especializada, que integrada**

---

nuará". En Boletín de la Academia de Ciencias Políticas y Sociales. JULIO-DICIEMBRE 2019 / N° 159, Caracas. Venezuela. CARACAS / VENEZUELA

[23]   dijo Alejandro Álvarez, coordinador general de la ONG Clima21, durante un foro realizado en abril pasado, organizado por la alianza Sinergia, Odevida y La Vida de Nos, con el apoyo del Centro de Derechos Humanos de la Universidad Católica Andrés Bello.

por los 9 países, se ocupe del análisis, coordinación, y homogenización de las políticas que tiene cada país, creando una organización técnica y económica en toda la región Amazónica que pueda hacer frente a un verdadero control preventivo y resuelva con eficacia los eventos que ocurran en esa poligonal que ponga en peligro su existencia, como accidentes de incendios y otros eventos que puedan ocurrir, tales como proteger los bosques para mantener el ciclo del agua, preservar la vida y costumbres de los habitantes ancestrales de esta inmensa biósfera y autorizar actividades económicas en ciertas áreas que cumplan las normas que fije la Autoridad Amazónica y pueda ser controlada su ejecución.

La propuesta La Amazonía necesita **incluir la participación de otros países en la organización (Autoridad Amazónica) que permitan compartir experiencias y aportar recursos como zona de reserva mundial de agua y oxígeno.**

La Autoridad **cubriría** toda el área de la Amazonía, que, si bien respeta el dominio soberano de los Estados parte, logren consensuarse para **aplicar las normas establecidas en interés de la Humanidad.**

En tal sentido, **la Amazonia** sólo podría usarse para fines pacíficos, en armonía internacional de todos. De allí que se prohíba medidas de carácter militar, tal como el establecimiento de bases militares, fortificaciones militares, maniobras militares, ensayos de cualquier tipo de armas, guerrilla, que **se extiende más allá de los países donde está ubicado ese gran bioma terrestre.**

Lo cierto es que el **Proyecto de Tratado** revisaría el principio consuetudinario que tiene que ver con la doctrina de la soberanía estatal, que si bien es una de las piedras angulares del actual sistema internacional, basado en la suprema autoridad del Estado dentro de su territorio y la propiedad exclusiva sobre sus recursos naturales; **ha dado pie a evitar una interpretación extrema**, dado este principio podría llevar incluso a que el Estado permitiera actividades como la tala masiva de bosques, la introducción de desechos químicos, dentro de sus confines.

Frente a esta concepción de soberanía absoluta, hoy en día **los Estados asumen algunas responsabilidades por los actos bajo su jurisdicción y control que puedan tener efectos fuera de sus límites**; este principio basado en la "buena vecindad", y recogido de la máxima romana *"sic utere tuo ut alienum non laedas"* (Utiliza lo tuyo de tal modo que no perjudiques a lo ajeno). De tal manera que todo acto realizado por un Estado que produzca un daño de proporciones a otros sujetos del Derecho Internacional debe ser restringido, generando la obligación de reparar adecuadamente a los afectados.

Sólo no interesa los recursos que hacemos sin agua ni aire.

Seguro que proponer un Tratado Internacional para la Amazonía, será objeto de discusión sobre sus ventajas y desventajas, pero no hay duda que cuanto antes mejor, lo agradecerán las generaciones futuras.

ANEXOS

ILUSTRACIÓN UNO

ILUSTRACIÓN II

APORTES DE LA CORTE INTERAMERICANA DE DERECHOS HUMANOS A LA PROTECCIÓN DEL MEDIO AMBIENTE, EN RELACIÓN CON LA PROTECCIÓN DE LA AMAZONÍA[*]

Ricardo Abello-Galvis[**]

Sumario: • Introducción. • La Opinión Consultiva N° 23. - Derecho a un medio ambiente sano. - Derecho al agua. - Derecho a participar en la vida cultural. • Desarrollo del vínculo entre el derecho del medio ambiente y los derechos humanos. • Conclusiones.

INTRODUCCIÓN

A lo largo del desarrollo jurisprudencial de la Corte Interamericana de Derechos Humanos (en adelante la CorteIDH, o la Corte) la protección del medio ambiente ha sido un tema recurrente; primero bajo la perspectiva del vínculo

---

[*] El presente trabajo es fruto de la conferencia presentada en el marco del World Law Congress del 2024 que se celebró en la ciudad de Nueva York al que asistí en representación de la Academia Colombiana de Jurisprudencia. Así mismo, el presente tema es un desarrollo de la conferencia dictada en París en el mes de mayo del 2024 en el *Collège de France* en el coloquio "Le droit international de l'environnement face au défi de l'effectivité".

[**] Profesor Emérito y Profesor principal de carrera académica de la Universidad del Rosario. Miembro del Grupo Nacional ante la Corte Permanente de Arbitraje - CPA (2014-2025), Agente de Colombia ante la Corte Interamericana de Derechos Humanos (Opinión Consultiva No. 23), Director / Editor del ACDI – Anuario Colombiano de Derecho Internacional, Director de la Especialización en Derecho Internacional de los Derechos Humanos y DIH, Director de la Especialización en Derecho del Mar. Expresidente de la Academia Colombiana de Derecho Internacional - ACCOLDI. Miembro Asociado del Instituto Hispano Luso Americano de Derecho Internacional - IHLADI; Miembro Correspondiente de la Academia Colombiana de Jurisprudencia y Expresidente del Colegio de Abogados Rosaristas. ricardo.abello@urosario.edu.co. https://orcid.org/0000-0002-4538-9748.

existente entre las comunidades indígenas con sus tierras ancestrales. Con el paso del tiempo la relación se va haciendo más fuerte; sin embargo, sigue faltando ese vínculo inescindible para marcar el desarrollo del medio ambiente en el marco de un sistema de protección de Derechos Humanos. Esta oportunidad le es dada a la Corte IDH en la solicitud presentada por el gobierno colombiano que buscaba la protección del medio ambiente marino en el Gran Caribe como consecuencia de la construcción de grandes proyectos de infraestructura. Esta solicitud es la que se conoce como la Opinión Consultiva N° 23 sobre medio ambiente y Derechos Humanos.

En el marco de la presente conferencia, es importante ver como las decisiones de la CorteIDH han establecido una serie de obligaciones, a cargo de los Estados, que redundarán en las diferentes actuaciones que deben tener para proteger el medio ambiente en la Amazonía en particular, que es el tema del presente panel, así como de América Latina en general.

Por lo anterior, el presente escrito se centrará en dos decisiones específicas de la CorteIDH, a saber, la ya mencionada OC – 23 de 2017 y el caso *Lhaka Honhat contra Argentina,* que es el primer caso contencioso en el que la Corte aplica los principios y las obligaciones desarrolladas en la OC – 23.

De las decisiones de la Corte queda claro que defender el medio ambiente es ante todo defender a los individuos, a los seres humanos; no podemos sobrevivir sin la existencia de un medio ambiente limpio y sano por lo que hoy en día este ya se considera como un derecho humano.[1]

LA OPINIÓN CONSULTIVA N° 23

La OC 23 tuvo su origen en una solicitud presentada por la República de Colombia que buscaba proteger el medio ambiente marino en el Mar Caribe. La Corte decidió ampliar su alcance pero mantuvo la idea principal que era la de establecer, gracias al desarrollo progresivo del derecho internacional, un avance para que pasar de la visión tradicional del derecho del medio ambiente, absolutamente interestatal, a un derecho al medio ambiente y así poder establecer el vínculo con los derechos humanos, formando una triada mucho más amplia y efectiva para la protección del medio ambiente y así poder garantizar la prevalencia de los derecho humanos.

En esta decisión, la Corte estableció las obligaciones que deben cumplir lo Estados frente a la protección del medio ambiente. En este sentido, determinó varios elementos que determinan la responsabilidad estatal, pero ante todo esas obligaciones de protección y de mitigación.

---

[1] Organización de las Naciones Unidas; "El derecho humano a un medio ambiente limpio, saludable y sostenible", Resolución Asamblea General A/RES/76/300, 1 de agosto de 2022. Ver: https://documents.un.org/doc/undoc/gen/n22/442/81/pdf/n2244281.pdf?token=HGmvcTqjS4d6Qwials&fe=true (Revisado el 11 de febrero de 2024).

En primer lugar, señaló el alcance del artículo 1.1 de la Convención americana con relación al alcance del concepto de jurisdicción estableció que "abarca toda situación en la que un Estado ejerza **autoridad o control efectivo** sobre las personas, sea dentro o fuera de su territorio"[2].

- A efectos del artículo 1.1 de la Convención Americana, se entiende que las personas cuyos derechos convencionales han sido vulnerados a causa de un daño transfronterizo se encuentran bajo la jurisdicción del Estado de origen de dicho daño, en la medida que dicho Estado **ejerce un control efectivo** sobre las actividades que se llevan a cabo en su territorio o bajo su jurisdicción.

En este sentido, la Corte toma el concepto desarrollado por la corte Internacional de Justicia desde el caso del Estrecho de Corfú[3], pasando por el caso de la Fundición Trail[4] y el de las plantas de celulosa sobre el Río Uruguay[5], y en su decisión afirma que:

- Con el propósito de respetar y garantizar los derechos a la vida e integridad de las personas bajo su jurisdicción, los Estados tienen la obligación de **prevenir** daños ambientales significativos, dentro o fuera de su territorio, para lo cual deben **regular, supervisar y fiscalizar** las actividades bajo su jurisdicción que puedan producir un daño significativo al medio ambiente; **realizar estudios de impacto ambiental** cuando exista riesgo de daño significativo al medio ambiente; establecer un plan de contingencia, a efecto de tener medidas de seguridad y procedimientos para **minimizar la posibilidad de grandes accidentes ambientales, y mitigar el daño ambiental significativo que hubiere producido**.

Este punto, sin duda alguna, es de vital importancia, determina la obligación de prevenir que tienen los Estados y además señala que actuaciones deben tener en aras de lograr dicha obligación. En este sentido, la obligación en mención se consolida como vinculante después de haber sido considerada como *soft law*. Así mismo, establece la necesidad de hacer estudios de impacto ambiental que sean serios y objetivos, para cumplir con estas premisas se requiere además que sean independientes.

Además de lo anterior la Corte señaló lo siguiente en su decisión:

- Los Estados deben actuar conforme al principio de precaución, a efectos de la protección del derecho a la vida y a la integridad personal

---

2   Tribunal Europeo de Derechos Humanos, *Caso Loizidou Vs. Turquía* (Excepciones Preliminares), No. 15318/89. Sentencia de 23 de marzo de 1995, párr. 62.

3   Corte Internacional de Justicia, *Caso del Canal de Corfú* (Reino Unido Vs. Albania). Sentencia del 9 de abril de 1949, pág. 22.

4   Tribunal Arbitral, *Caso de la Fundición Trail* (Estados Unidos Vs. Canadá). Decisión de 16 de abril de 1938 y 11 de marzo de 1941, pág. 1965.

5   Corte Internacional de Justicia, *Caso de las plantas de celulosa sobre el Río Uruguay* (Argentina Vs. Uruguay). Sentencia de 20 de abril de 2010, párr. 101.

frente a posibles daños graves o irreversibles al medio ambiente, aún en ausencia de certeza científica.

• Con el propósito de respetar y garantizar los derechos a la vida e integridad de las personas bajo su jurisdicción, los Estados tienen la obligación de <u>cooperar</u>, de buena fe, para la protección contra daños transfronterizos significativos al medio ambiente. Para el cumplimiento de esta obligación los Estados deben <u>notificar</u> a los Estados potencialmente afectados cuando tengan conocimiento que una actividad planificada bajo su jurisdicción podría generar un riesgo de daños significativos transfronterizos y en casos de emergencias ambientales, así como <u>consultar y negociar</u>, de buena fe, con los Estados potencialmente afectados por daños transfronterizos significativos.

Ahora bien, en el caso **Lhaka Honhat contra Argentina**, la Corte convierte una decisión no vinculante en una que sí lo es al pasar de una Opinión Consultiva a un caso Contencioso.

- Derecho a un medio ambiente sano

En el presente caso la Corte consideró que el derecho a un medio ambiente sano debe ser considerado como parte de los derechos que deben ser protegidos por el artículo 26 del Pacto de San José, en este sentido sostiene que:

"La Corte ya se ha referido al contenido y alcance de este derecho, considerando diversas normas relevantes, en su *Opinión Consultiva OC-23/17*, por lo que se remite a dicho pronunciamiento. Afirmó en esa oportunidad que el derecho a un medio ambiente sano "constituye un interés universal" y "es un derecho fundamental para la existencia de la humanidad", y que "como derecho autónomo […] protege los componentes del […] ambiente, tales como bosques, mares, ríos y otros, como intereses jurídicos en sí mismos, aun en ausencia de certeza o evidencia sobre el riesgo a las personas individuales. Se trata de proteger la naturaleza", no solo por su "utilidad" o "efectos" respecto de los seres humanos, "sino por su importancia para los demás organismos vivos con quienes se comparte el planeta". Lo anterior no obsta, desde luego, a que otros derechos humanos puedan ser vulnerados como consecuencia de daños ambientales"[6].

- Derecho a la alimentación adecuada

Son varios los instrumentos que hacen referencia a este derecho, por ejemplo, el artículo 34 de la Carta de la OEA, el artículo XI de la Declaración Americana, el artículo 12.1 del Protocolo de San Salvador, entre otros instrumentos y tratados de vocación universal. La Corte consideró que la interpretación de estos instrumentos permite obtener los diferentes elementos constitutivos del derecho a una alimentación suficiente, específicamente garantizar que las personas tengan

---

[6] Corte IDH; *Caso Comunidades Indígenas Miembros de la Asociación Lhaka Honhat (Nuestra Tierra) Vs. Argentina.* Fondo, Reparaciones y Costas. Sentencia de 6 de febrero de 2020. Série C n° 400. Parr. 203.

acceso a una alimentación que permita una alimentación adecuada para garantizar el derecho a la salud.

De acuerdo con lo anterior, la Corte también tuvo en cuenta lo que el Comité DESC en el sentido de reafirmar que "el derecho a una alimentación adecuada está inseparablemente vinculado a la dignidad inherente de la persona humana y es indispensable para el disfrute de otros derechos humanos consagrados en la Carta Internacional de Derechos Humanos"[7] y es aquí donde se establece el vínculo con el medio ambiente sano al señalar que "Es también inseparable de la justicia social, pues requiere la adopción de políticas económicas, ambientales y sociales adecuadas, en los planos nacional e internacional, orientadas a la erradicación de la pobreza y al disfrute de todos los derechos humanos por todos".[8]

- Derecho al agua

La Corte ha manifestado que este derecho se encuentra consagrado, como ya se mencionó, en el artículo 26 de la Convención americana, así mismo, sostuvo que es claro el vínculo con los demás derechos a los que ya nos hemos referido en el presente escrito.

Para la Corte, las diferentes Resoluciones que han sido adoptadas por organismos internacionales como la Asamblea General de Naciones Unidas y la de la Organización de Estados Americanos son instrumentos fundamentales para el desarrollo progresivo del derecho internacional que ha venido consolidando el vínculo entre el medio ambiente y los derechos humanos. En este sentido, la Resolución 64/292 de la Asamblea General de Naciones Unidas relativa al derecho el derecho humano al agua y al saneamiento del 28 de julio de 2010 que reafirma "que un agua potable limpia y el saneamiento son esenciales para la realización de todos los derechos humanos...". En este sentido, autores como Ludovic et Tigroudja sostienen que el derecho a la salud es un derecho global, en este sentido se debe garantizar « l'accès à l'eau salubre et potable et à des moyens adéquats d'assainissement ... »[9]. Por todo lo anterior es fundamental que el agua sea un recurso disponible y que se encuentre al alcance de todos los seres humanos.

La Corte, después de analizar los diferentes instrumentos internacionales sobre el tema, de centrarse en la Observación General 15 del Comité DESC, que establece que:

> "El derecho humano al agua es el derecho de todos a disponer de
> agua suficiente, salubre, aceptable, accesible y asequible para el uso

---

[7] Comité de Derechos Económicos, Sociales y Culturales; E/C.12/1999/5, 12 de mayo de 1999, p. 2 Parr. 4. https://tbinternet.ohchr.org/_layouts/15/treatybodyexternal/Download.aspx?symbolno=E%2FC.12%2F1999%2F5&Lang=fr

[8] Comité de Derechos Económicos, Sociales y Culturales; E/C.12/1999/5, 12 de mayo de 1999, p. 2 Parr. 4. https://tbinternet.ohchr.org/_layouts/15/treatybodyexternal/Download.aspx?symbolno=E%2FC.12%2F1999%2F5&Lang=fr

[9] Hennebel, Ludovic et Tigroudja, Hélène; *Traité de droit international des droits de l'homme*, Éditions Pédonne, Paris, 2016, p. 1257.

personal y doméstico. Un abastecimiento adecuado de agua salubre es necesario para evitar la muerte por deshidratación, para reducir el riesgo de las enfermedades relacionadas con el agua y para satisfacer las necesidades de consumo y cocina y las necesidades de higiene personal y doméstica"[10].

Podemos constatar que, del estudio realizado por la Corte Interamericana de Derechos Humanos, hay una serie de vínculos intrínsecos entre estos derechos; Es decir, que se debe garantizar el respeto de todos y cada uno de los derechos, de no ser así nos encontraríamos frente a una violación de todos los derechos humanos en serie. Es decir, uno detrás de otro. Ahora bien, para poder afirmar que hay un derecho al agua es necesario que el derecho al medio ambiente se encuentre garantizado. Lo mismo sucede con el derecho a la salud, del que la Corte hace caso omiso, que exige la realización del derecho al agua, así como el derecho a una alimentación adecuada. El común denominador de estos derechos es la realización plena y efectiva del derecho a un medio ambiente sano, sin este no se pueden garantizar los demás derechos.

- **Derecho a participar en la vida cultural**

En el caso *Lhaka Honhat*, la Corte sostuvo que la importancia de este derecho, teniendo en cuenta que las comunidades autóctonas deben poder gozar de este derecho que incluye el derecho a la identidad cultural. La Corte analiza e interpreta nuevamente los elementos constitutivos al revisar diferentes instrumentos internacionales proferidos por varias organizaciones internacionales, tales como el Convenio 169 de la OIT, el Pacto internacional relativo a los derechos civiles y políticos, entre otros instrumentos.

Para la Corte, el ejercicio de este derecho va de la mano con los demás derechos de los que ya hemos hablado en el presente escrito. El ejercicio y el desarrollo de este derecho enriquece de forma plena a las comunidades y a los pueblos. Así mismo, es claro que hay un vínculo directo con el derecho al agua, así como con una alimentación adecuada. Estos derechos en realidad son una unidad que permite la conservación de diferentes tradiciones, por ejemplo, las tradiciones gastronómicas. Es claro que estos derechos van de la mano con el derecho a un medio ambiente sano, sin esto, ningún derecho podría ser garantizado ni respetado.

Hoy en día, podemos afirmar, que hay varios instrumentos que establecen un vínculo entre el medio ambiente y los derechos humanos, a modo de ejemplo, podemos señalar las observaciones 12 y 21 del Comité de derechos económicos, sociales y culturales; también la Declaración americana sobre los derechos de los pueblos indígenas (Art. XIX) y el Convenio 169 de la OIT (artículos 4.1, 7.1, 15.1 y 23), entre otros instrumentos.

---

[10] Comité de Derechos Económicos, Sociales y Culturales; E/C.12/2002/11, Observación General 15 del 20 de enero de 2003, p. 2.

La Corte se centra, de forma muy especial, en el derecho interno de los Estados, así como en el reconocimiento que estos hacen de las normas en materia ambiental que coinciden con las normas que sobre la materia tiene el derecho internacional. Esto conlleva a una interacción entre elderecho interno y el derecho internacional que permite que este último se consolide. Es decir, los dos elementos que se requieren para determinar la existencia de una norma consuetudinaria se encuentran probados en la medida que la incorporación normativa de estas normas internacionales en el derecho interno nos lleva a determinar que, tanto el elemento material, como la *opinio juris*, se encuentran plenamente identificados por lo que es claro que dichas normas pasaron de ser *Soft Law* a ser una norma consuetudinaria. Es decir, estas normas se consolidaron en la medida que se trata de normas vinculantes en el derecho interno, por lo que, con más veras, lo son en el derecho internacional. Lo anterior en la medida que gracias al desarrollo progresivo del derecho internacional podemos evidenciar que en este caso tenemos la presencia clara del elemento subjetivo u *opinio juris*, por lo que su obligatoriedad en derecho internacional es absolutamente clara.

De acuerdo con lo anterior, para la Corte es absolutamente claro que los Estados tienen el deber de garantizar estos derechos, por lo que podemos evidenciar como el vínculo entre el derecho internacional y el derecho interno es fundamental.

DESARROLLO DEL VÍNCULO ENTRE EL DERECHO DEL MEDIO AMBIENTE Y LOS DERECHOS HUMANOS

Es muy interesante ver como muy rápidamente, desde que la CorteIDH profirió la OC 23 – 17, el tema del medio ambiente como derecho humano ha tenido un desarrollo, aún en curso, en diferentes instituciones internacionales.

En este sentido podemos ver como la Asamblea General de las Naciones Unidas adoptó el 28 de julio de 2022, con 161 votos a favor, ocho abstenciones y ningún voto en contra, la resolución 76/300 que reconoce el acceso a un medio ambiente limpio, sano y sostenible como un derecho humano universal[11], siguiendo la misma línea de la resolución 48/13 adoptada por el Consejo de Derechos Humanos en el año 2021.[12]

Así mismo, varias solicitudes de opinión consultivas han sido presentadas ante diferentes tribunales internacionales. Es así como el 12 de diciembre de 2022, la Comisión de pequeños Estados insulares sobre el cambio climático y el derecho internacional presentó ante el Tribunal Internacional del derecho del Mar relativa a determinar las obligaciones que tienen los Estados para prevenir,

---

[11] Asamblea General de las Naciones Unidas; *¿Qué es el derecho a un medio ambiente saludable?, pg. 7. Ver:* https://www.ohchr.org/sites/default/files/documents/issues/climatechange/information-materials/r2heinfofinalweb-sp.pdf. (Revisado el 22 de enero de 2024).

[12] Asamblea General de las Naciones Unidas; https://news.un.org/es/story/2021/10/1498452. (Revisado el 22 de enero de 2024).

reducir y controlar la polución del medio marino y la de proteger y preservar el medio marino con relación a la incidencia del cambio climático.[13]

Posteriormente, el 9 de enero de 2023, las Repúblicas de Chile y Colombia presentaron, de forma conjunta, una nueva solicitud de opinión consultiva ante la CorteIDH sobre *Emergencia Climática y Derechos Humanos*.[14]

Finalmente, el 29 de marzo de 2023, la Asamblea General de las Naciones Unidas presentó ante la Corte Internacional de Justicia una solicitud de opinión consultiva relativa a las Obligaciones de los Estados en materia de cambio climático.[15]

Como bien lo podemos ver, son varias las solicitudes e instrumentos relativos a la protección del medio ambiente que han surgido para incorporarse al *corpus juris del derecho internacional*, relativo a las obligaciones estatales para proteger el medio ambiente, así como los derechos de las personas a poder gozar de un medio ambiente limpio, sano y sostenible.

CONCLUSIONES

Los diferentes Estados que comparten la Amazonía tienen la obligación de acogerse a las diferentes obligaciones plasmadas por la Corte Interamericana de Derechos Humanos en la OC – 23 de 2017.

Si bien, de acuerdo con el derecho internacional general, las Opiniones Consultivas no tienen carácter vinculante, estas decisiones si están desarrollando principios que deben ser seguidos por los Estados parte del sistema; actuar en contra conlleva a que por vía de un caso contencioso el Estado pueda ser sancionado por haber incurrido en una actuación contraria a las decisiones del tribunal que las haya proferido. Así mismo, podemos afirmar que hay un desarrollo progresivo del derecho internacional por medio de la práctica estatal y la consolidación de una *opinio juris* que consolida una costumbre internacional en la materia.

Son varios los nuevos instrumentos jurídicos que han sido proferidos por las diferentes instituciones, estos establecen diferentes obligaciones para los Estados que les permite tener las herramientas necesarias para proteger la Amazonía, así como el medio ambiente en general.

---

[13] Tribunal Internacional para el Derecho del Mar; https://www.itlos.org/fileadmin/itlos/documents/cases/31/Cover_Letter_TR.pdf. (Revisado el 22 de enero de 2024).

[14] Corte Interamericana de Derechos Humanos; https://www.corteidh.or.cr/docs/opiniones/soc_1_2023_es.pdf, (Revisado el 22 de enero de 2024).

[15] Corte Internacional de Justicia; https://www.icj-cij.org/sites/default/files/case-related/187/187-20230412-app-01-00-en.pdf. (Revisado el 22 de enero de 2024).

AMAZONÍA Y RESPONSABILIDAD INTERNACIONAL DEL ESTADO PERUANO

Delia Muñoz Muñoz[*]

Sumario: • El Estado peruano y la Amazonía. • Los riesgos y daños que afronta la Amazonía. La tala ilegal y la deforestación. • El delito medioambiental. • Tráfico de drogas y madera. • Extracción ilegal del oro. • El cambio climático. • El tratado de cooperación Amazónica-TCA. • Principales acuerdos binacionales del Perú. • La organización del trata-do de cooperación amazónica (OTCA). • Los objetivos de la OTCA. • El acuerdo de Escazú. • La regulación peruana en materia medioambiental. • El caso Cuninicu. • La responsabilidad internacional del Estado perua-no. • Referencias utilizadas.

Vamos a hablar de un lugar que suena a fábula de grandes historias, la casa que alberga a la mayor flora y fauna del mundo en un territorio de 7 mil millones de kilómetros de extensión, se trata de la Amazonía portentoso ambiente que es considerado el gran pulmón del mundo, y curiosamente para el Estado pe-ruano representa dos tercios de su territorio, extraña paradoja para un país que es reconocido como uno esencialmente andino y, bueno ello obedece a la gran desconexión que existe entre las ciudades costeras y serranas, no sólo en cultura sino material, puesto que el acceso sólo es aéreo. Ahora bien, esta hermosa zona va a ser compartida por 8 países Bolivia, Brasil, Colombia, Ecuador, Guyana, Surinam, Venezuela y Perú, el cual es el segundo en poseer la mayoría de este espacio.

Pero el tema central lo constituye la responsabilidad internacional del Es-tado peruano ante los retos por contribuir a preservar y asegurar la conservación

---

[*] Abogada por la Pontificia Universidad Católica del Perú. Máster en International Service por la American University, Washington DC, USA. Doctoranda por la Universidad de San Martín de Porres. Coordinadora de la Maestría en Solución de Conflictos de la Universidad de San Martín de Porres.

de este maravilloso ecosistema único, que se afectado por la deforestación, la tala ilegal, la explotación de recursos naturales, el desarrollo de la industria extrativa en hidrocarburos, el cambio climático en su relación con la naturaleza y los pueblos originarios, todo lo cual genera conflictos sociales y ambientales, que van a exigir una fuert actividad de fiscalización y control.

EL ESTADO PERUANO Y LA AMAZONÍA

Comencemos conociendo sobre los datos del Estado peruano en relación con la Amazonía, el Perú es un país metadiverso y conforme al último reporte del Banco Mundial de abril del 2023, es un país que pese a la crisis del COVID y a la actual que vive el mundo a nivel económico presenta una estructura macroeconómica sólida, con grandes reservas internacionales, con una gran presencia del sector informal, pero con gran deficit de prestación de servicios en áreas como educación, salud y abastecimiento de agua y es en ese contexto donde debe ejecutar las acciones necesarias para responder por las obligaciones asumidas de proteger tanto a la Amazonía como a los pueblos originarios que en ella habitan, y en preservar el bosque que permite respirar al mundo y que hoy se encuentra bajo amenaza.

El Perú es un país no sólo amazónico sino de bosques, según el Ministerio del Ambient el el 60% de su territorio nacional está cubierto de ellos, en costa sierra y selva y la mayor extensión delos bosques -el 94%- están localizados en la Amazonía y es el segundo país con bosques amazónicos -después de Brasil- pero desde el añ0 2001 se viene atravesando un proceso de deforestación, degradación, talado y quemado que en promedio representan 120 mil hectáreas anuales, esta situación incide directamente en generar calentamiento global, pues al desaparecer el bosque se permite el incremento de Gases Efecto Invernadero por aumentar la temperatura del planeta.

En efecto no se debe olvidar que la presencia de los bosques tropicales amazónicos permiten contemos con alimentos, medicina, se regule el clima al purificar el agua y el aire, asimismo permiten el desarrollo de las poblaciones que ellos albergan, la cual representan culturas que debemos preservar. Estos pueblos, según información del Ministerio de Cultura son más de 50, además tambien acogen otras poblaciones ribereñas y colonos

Sigamos conociendo del desconocido impacto de la Amazonía para el estado peruano, ella cubre dos terceras partes de su territorio ta lo hemos dicho, pero se debe precisar que allí se encuentran: 84 de los 104 puntos críticos para la biodiversidad en el globo, con más de 1,000 ríos y 12,000 lagos. Esa gran extensión de bosque amazónico es la menos poblada representando únicamente el 13% de la población total del país. Económicamente representa poco a nivel del PBI y, en ella se desarrolla mayormente actividad agropecuaria con cultivos lícitos de café, arroz, cacao, también se cuenta con servicios turísticos como segunda fuente de ingresos, como señala USAID en los reportes de Preservar.

LOS RIESGOS Y DAÑOS QUE AFRONTA LA AMAZONÍA
LA TALA ILEGAL Y LA DEFORESTACIÓN

Este ilegal accionar, que consiste en extraer sin licencia árboles y especies maderables, de zonas protegidas o reservas protegidas, para lo cual se cortan árboles centenarios y se daña la flora circundante, que se da en la Amazonía peruana, configura el tercer crimen transnacional más rentable a nivel mundial, acorde a la data hecha pública por Global Financial Integrity del 2017, anualmente representa ganancias que van de los 52 mil a. 157 mil millones de dólares, adicionalmente este ilícito accionar en el Perú configura delito ambiental.

Esta actividad ilegal, muchas veces va a contar con el apoyo de los lugareños, entre otras causas por la gran presencia del "trabajo independiente" o "trabajo informal" que presenta el país -conforme al INEI cercano al 80%-, lo cual va a generar formas de relacionamiento con los taladores ilegales para el desarrollo de la quema y deforestación del bosque, permitiéndole a su vez -a los pobladores y nativos- generar ingresos ante la poca oferta laboral y la gran demanda de los productos, la madera así obtenida se destina principalmente al mercado nacional y sólo el 15% se exporta, acorde a Prevenir de USAID.

EL DELITO MEDIOAMBIENTAL

La destrucción del bosque está tipificado como un delito en el Código Penal Peruano, y conforme a lo informado por la web *InSight Crime* la tala indiscriminada y la destrucción del bosque se eleva exponencialmente, habiendo pasado a tener más de 270 mil hectáreas irremediablemente deñadas al 2020. Pero no sólo contribuyen a tal depredación los taladores ilegales, sino que también confluye el accionar de la extracción ilícita de oro, el cultivo de coca, el tráfico de especies silvestres y una nueva modalidad de usurpación de tierras ancestrales para destinarlas a la ganadería o industria agrícola, los cuales según Diálogo (Igarapé, 2020), este actuar se integra a una economía regional más amplia que se desarrolla en las regiones de . de Loreto, Amazonas y San Martín, en el norte; y Ucayali y Madre de Dios, en el este, en la frontera con Brasil; al igual que en otras regiones del país dentro de la cuenca amazónica, luego de deforestado el bosque éstas "nuevas tierras"se destinan a la ganadería y las actividades agrícolas, dentro de un esquema de tráfico de tierras.

TRÁFICO DE DROGAS Y MADERA

De acuerdo a los reportes brindados en diversas oportunidades por la Gerencia Regional de Bosques y Fauna Silvestre del Gobierno Regional de Ucayali, las grandes plagas que atacan al bosque son el narcotráfico, el tráfico de madera y la minería ilegal. Hay que tener presente que el Perú tiene el rango de segundo productor mundial de coca y para ello es preciso contar con terrenos que se dediquen a los ilícitos cultivos, actidad que implica con arrasar el bosque y ello ocurre en las regiones de Ucayali, Loreto, Huánuco y Pasco,no se salva l

Trapecio Amazónico, zona así denominda por confluir con las fronteras de Perú con Brasil y Colombia.

Ahora la preparación de la droga contribuye a la deforrestación, pues es preciso contar con laboratorios y centros de procesamiento, cuando no con pistas de aterrizaje, todo lo cual contribuye a la deforrestación (YARANGA, 2021), lo cual ha generado zonas de afectación muy grande como casi el 80% de la Región Ucayali, entre bosques depredados y pistas clandestinas de aterrizaje, acorde a lo detectado por las imágenes satelitales (GEOBOSQUES, 2021).

EXTRACCIÓN ILEGAL DEL ORO

Entre otras actividades ilegales que afectan a la amazonía como son la trata de personas, el tráfico de armas, se encuentra la minería ilegal e informal del oro, la generosa naturaleza dotó al país de yacimientos de oro esparcidos por todo el país, y ante la ausemncia de cifras oficiales sólo pueden haber estimados del auge económico de la actividad que ubica al Peru como el mayor productor de oro en América, debido a los los precios récord de este preciado minera, lo cual hace que se estime en 28 por ciento la ilegal extracción del oro peruano (INSTITUTO IGARAPE)

EL CAMBIO CLIMÁTICO

El desafío global que afecta directamente a la Amazonía, generado por la deforestación y destrucción acarrea, incremento de la temperatura del planete y por ende se alteran los patrones de precipitación, que a su vez afectan a los eco-sistemas y, van poner en riesgo la biodiversidad de la región. Este concepto que se dice en forma rápida y fácil, es gravísimo pues ello si no se detiene, va a modi-ficar por completo los patrones de comportamiento de la naturaleza.

EL TRATADO DE COOPERACIÓN AMAZÓNICA-TCA

Los países que integran la cuenca amazónica: Bolivia, Brasil, Colombia, Ecuador, Guyana, Perú, Suriname y Venezuela en julio de 1978, suscribieron un instrumento internacional que tiene como objetivo la promoción del desarrollo integrado y armónico de la Amazonía, el cual tiene como base la creación de un modelo económico regional que permita mejorar la calidad de vida de los pobla-dores y permita el uso racional de los recursos que ofrece la Amazonía.

Un eje central del TCA lo constituye la colaboración en investigación cien-tífica y tecnológica, el uso racional de recursos naturales, el permitir la libre na-vegación de los ríos, promover un comercio justo y adecuado, preservar las cul-turas, brindar servicios coordinados de salud, generar una infraestructura para el transporte, actividades que implican la ejecución de acciones cuando menos bilaterales entre los países suscriptores.

El TCA es un tratado que si bien constituye un espacio marco para lograr acuerdos sobre temas específicos, también cuenta con la flexibilidad que permita ajustarse a los cambios y necesidades de la región.

Cuadro No. 1

Objetivos del TCA

- Promover la gestión ambiental del área de los proyectos binacionales e incentivar su desarrollo autónomo y sustentable, utilizando correctamente las potencialidades y respetando las limitaciones que presentan los recursos naturales;

- Contribuir a mejorar la calidad de vida de la población mediante la generación de actividades productivas y de fuentes de trabajo, así como el mejoramiento o la instalación de infraestructura física y social básica que satisfaga las aspiraciones de los habitantes;

- Promover la integración de cada área nacional en los respectivos países, asegurando que esa integración sirva como elemento dinamizador del desarrollo;

- Realizar la zonificación ambiental como base para el ordenamiento territorial y para la implementación de modelos de producción que consideren la capacidad de los ecosistemas amazónicos dentro de un proceso de desarrollo sustentable en el cual participen activamente los grupos humanos asentados tradicionalmente en la región, incluyendo las comunidades indígenas y nativas;

- Conservar la biodiversidad de la región;

- Fortalecer los organismos nacionales vinculados a la planificación ambiental y al uso de recursos naturales e incentivar la creación de mecanismos de trabajo interinstitucional.

A efectos de poder alcanzar los objetivos acordados, "cada país realizó estudios básicos sobre su área incluida en el plan, que consistieron en la recopilación, organización y análisis de la información procedente de entidades nacionales relacionadas con la cartografía, uso y manejo de recursos naturales, e infraestructura física, social y económica", pero como se aprecia hoy a simple vista estos esfuerzos son insuficientes, a pesar de haber establecido planes y programas estas no están logrando sus

PRINCIPALES ACUERDOS BINACIONALES DEL PERÚ

Sin embargo, veamos que ha desarrollado Perú con Colombia y Brasil países que representan la mayor titularidad sobre la Amazoniá.

Cuadro No. 2

Plan para el Desarrollo Integral de la Cuenca del Río Putumayo entre Colombia y Perú

El 26 de agosto de 1987 los cancilleres de ambos países suscribieron un Comunicado Conjunto, mediante el cual adoptaron un programa de acción que se centra en el tema de la cooperación amazónica. Su primer paso consistió en la convocatoria de la Comisión Mixta de Cooperación Amazónica a la que encomendaron la preparación del *Plan para el Desarrollo Integral de la Cuenca del Río Putumayo.*

El Plan cubre una superficie de 160.500 km^2, en partes prácticamente iguales entre los dos países y una población estimada de 96.300 habitantes, que representa una densidad poblacional de 0,6 hab/km^2. La población indígena asciende aproximadamente a 22.600 habitantes. El área colombiana corresponde a las cuencas hidrográficas de los nos Putumayo (margen izquierda) y Caquetá (margen derecha), así como a la zona del Trapecio Amazónico y se localiza en los Departamentos de Putumayo y Amazonas. En el Perú abarca el corredor comprendido entre los ríos Napo y Amazonas (márgenes izquierdas) y el río Putumayo (margen derecha) alcanzando a la localidad de Estirón en el río Javarí, localizándose al extremo Norte de la Región de Loreto (ex Amazonas), comprendiendo parte de las provincias de Maynas y Ramón Castilla.

Cuadro No. 3

Programa de Desarrollo Integrado para las Comunidades Fronterizas Peruano - Brasileñas

El 16 de octubre de 1979 ambos países suscribieron el Tratado de Amistad y Cooperación, en el que, con referencia a la región amazónica se establece que "Ambas Partes otorgan la más alta prioridad al cumplimiento de compromisos que la vinculan al respecto de esa Región", y manifiestan el interés en armonizar acciones en el campo bilateral. En julio de 1987 los Presidentes de Brasil y Perú suscribieron la Declaración de Río Branco y el Programa de Acción de Puerto Maldonado, estableciendo además la Comisión Mixta Brasileño - Peruana de Cooperación Amazónica para realizar estudios de interés común. En la I Reunión de la Comisión Mixta (Río Branco, Brasil, 1988) se decidió poner en marcha el *Programa de Desarrollo Integrado para las Comunidades Fronterizas Peruano - Brasileñas* (Iñapari y Assis - Brasil). Como se puede apreciar el esfuerzo y la buena voluntad de los Estados existe, pero como hemos ido señalando los problemas subsisten.

EL CONSEJO DE COOPERACIÓN AMAZÓNICA

Conforme a los instrumentos internacionales que la regulan se trata de:

"Es una organización conformada por los representantes de alto nivel de las Partes Contratantes, con atribuciones de velar por el cumplimiento de los cometidos y finalidades del Tratado y de las decisiones tomadas en las Reuniones de Ministros de Relaciones Exteriores. El Consejo considera las iniciativas que presentan los Países y adopta las decisiones que correspondan para la realización de estudios y proyectos bilaterales o multilaterales cuya ejecución, cuando fuere del caso, estará a cargo de las Comisiones Nacionales Permanentes (Artículo XXI). Desde la firma del Tratado hasta diciembre de 1990 se han realizado cuatro reuniones del Consejo de Cooperación Amazónica: Lima, Perú 1983; La Paz, Bolivia 1986; Brasilia, Brasil 1988; y Santa Fe de Bogotá, Colombia 1990 y recientemente en Brasil (2023)". (Consejo de Cooperación Amazónica.)

LA ORGANIZACIÓN DEL TRATADO DE COOPERACIÓN AMAZÓNICA (OTCA)

Para profundizar la ejecución de acciones concretas los 8 países integrantes del TCE adoptaron en 1985 la decisión de crear esta organización, para poder actuar en mejor forma se acordó una **Agenda Estratégica de Cooperación Amazónica (AECA)**, que identifica las prioridades de los países amazónicos en el mediano plazo, en el marco del TCA, de acuerdo con la realidad económica, política, ambiental y social de la región.

LOS OBJETIVOS DE LA OTCA

Siendo un espacio de confluencia de obligaciones internacionales y nacionales, resulta esencial coordinar y establecer en forma clara las acciones que van a permitir el logro de resultados conceptos:

Cuadro No. 4

**Objetivos Estratégicos de la Organización
del Tratado de Cooperación Amazónica**

Facilitar el intercambio y la cooperación entre los Países Miembros promoviendo el desarrollo sostenible y modos de vida sustentable con carácter estratégico en la región a fin de mejorar la calidad de vida de sus habitantes, con énfasis en las poblaciones vulnerables, los pueblos indígenas y otras comunidades tribales.

Velar por que los intereses y la soberanía de los Países Miembros sean respetados y promovidos.

Facilitar y fomentar acciones tendientes a la preservación, protección, conservación y aprovechamiento sustentable del bosque, la biodiversidad y los recursos hídricos de la Amazonía.

Promover el aprovechamiento de los recursos Amazónicos dentro del respeto y armonía con la naturaleza y el ambiente.

Promover y diseminar la cultura de los pueblos que habitan en la Región Amazónica así como fomentar el respeto y la protección de los conocimientos y saberes ancestrales y actuales de la Región Amazónica.

Promover la articulación de los Planes y Programas de los Países Miembros para el desarrollo de las poblaciones amazónicas, prestando atención especial a las poblaciones vulnerables, los pueblos indígenas y otras comunidades tribales.

Como se puede apreciar los objetivos planteados, van en consonancia con el Tratado pero comprendiendo los hechos mas marcados de la actual realidad.

EL ACUERDO DE ESCAZÚ

El Congreso de la República del Perú, rechazó la adscripción del tratado denominado: Acuerdo Regional sobre el Acceso a la Información, la Participación Pública y el Acceso a la Justicia en Asuntos Ambientales en América Latina y el Caribe (Acuerdo de Escazú), este nuevo instrumento es un tratado de derechos humanos que plantea una regulación uniforme de las condiciones y estándares para garantizar la implementación plena y efectiva en América Latina y el Caribe de los derechos de acceso en materia ambiental.

En el debate político que se generó en el Perú y polarizó a los actores sociales, ante la propuesta de adhesión a éste tratado, tenemos que se esgrimieron dos grandes conceptos: la no aceptación de la sumisión a la presencia de la CEPAL como Secretaria Ejecutiva con grandes facultades de decisión sobre temas internos y, a que la norma nacional peruana ya contiene los mecanismos de protección que el tratado plantea como innovadores.

LA REGULACIÓN PERUANA EN MATERIA MEDIOAMBIENTAL

Ley de Áreas Naturales Protegidas (Ley N° 26834): Esta ley establece el marco legal para la creación, administración y conservación de las áreas naturales protegidas en Perú, incluyendo aquellas que se encuentran en la Amazonía. Estas áreas son espacios designados para la conservación de la biodiversidad y el uso sostenible de los recursos naturales.

Ley Forestal y de Fauna Silvestre (Ley N° 29763): Esta ley tiene como objetivo regular el uso, aprovechamiento y conservación de los recursos forestales y de fauna silvestre en Perú. Incluye disposiciones para combatir la deforestación ilegal, promover la reforestación y regular la extracción de productos maderables y no maderables.

Ley de Promoción de la Inversión en la Amazonía (Ley N° 27037): Esta ley tiene como finalidad impulsar el desarrollo sostenible de la Amazonía mediante incentivos para la inversión privada que promueva el uso responsable de los recursos naturales y el respeto de los derechos de las comunidades indígenas.

Ley de Consulta Previa (Ley N° 29785): Esta ley establece el derecho de las comunidades indígenas a ser consultadas de manera previa y de buena fe sobre medidas legislativas o administrativas que puedan afectar sus derechos colectivos. Esta ley busca garantizar la participación de las comunidades indígenas en la toma de decisiones que afecten sus territorios en la Amazonía.

Ley de Cambio Climático (Ley N° 30754): Esta ley tiene como objetivo establecer medidas de adaptación y mitigación frente al cambio climático en Perú. Esto incluye acciones para proteger y conservar los ecosistemas amazónicos, así como promover el desarrollo sostenible en la región.

Como podemos apreciar existen una serie de obligaciones establecidas en la normativa peruana que no se vienen respetando necesariamente y ello nos lleva a hablar de un caso que podría generar el pronunciamiento sobre responsabilidad internacional del Estado peruano, el caso Cuninico.

EL CASO CUNINICU

En junio del año 2014 se derramaron 2500 barriles de petróleo del Oleoducto Norperuano, en la quebrada de Cuninico, en el distrito de Urarina, en la provincia y en la región de Loreto. Esta desgracia ambiental genero que se declare por parte de la OEFA la responsabilidad de la empresa Petroperú, por el potencial daño a la vida y a la salud de las comunidades nativas.

Posteriormente, el Tribunal Constitucional procedió a expedir una sentencia que declara fundado el pedido planteado y dispone que Petroperú proceda a compensar a las comunidades nativas de Cuninico, San Francisco, Nueva Esperanza y Santa Rosa, afectadas por el derrame de petróleo ocurrido en sus territorios en el año 2014. Asimismo, se dispuso el respeto de las normas sobre transporte de petroleo a través de ductos, acorde a lo dispuesto por el Ministerio de Energía y Minas.

Cuadro No. 5

Reparaciones Dispuestas por el Tribunal Constitucional Peruano en el Caso Cuninicu

"HA RESUELTO

Declarar FUNDADA la demanda. En consecuencia, cúmplase con el ítem 4 del anexo .

Nro. 4 del Decreto Supremo 081-2007-MINEM".

En el ítem 4 del anexo 4 del D. S. No 081-2007-EM, que aprobó el Reglamento de transportes de petróleo a través de ductos, hay un conjunto de mandatos de cumplimiento obligatorio, que concretan y materializan el derecho a la reparación contenido en el artículo 15.2 del Convenio 169 de la OIT. En efecto, se establece la obligación del operador del oleoducto, de iniciar un proceso de identificación de los afectados y de los daños y de compensarlos.

"4. Compensaciones

4.1 La compensación por los daños ocasionados debe ser adecuada y a la brevedad posible, para lo cual el operador deberá identificar a los afectados. Esta información será enviada a la OSINERGMIN.

4.2 El operador debe identificar y hacer un inventario de los daños ocasionados a terceros, propiedades y al medio ambiente dentro de un período de 15 días de la fecha del incidente. Esta información será entregada a la OSINERGMIN.

4.3 El operador deberá valorizar, para realizar las compensaciones, los daños ocasionados, esta valorización deberá comunicarse al OSINERGMIN. La compensación debe acordarse con los afectados, sin embargo, es potestad de los afectados solicitar el apoyo de la Defensoría del Pueblo para lograr un trato justo.

4.4 En caso de que no se logre un acuerdo entre el operador y algún afectado, éste podrá acudir al Poder Judicial."

Del ítem 4 del anexo 4 del D.S. No 081-2007-MINEM se pueden desprender los siguientes mandatos al operador Petroperú:

1er mandato: El operador (Petroperú) debe compensar a los afectados de forma adecuada y a la brevedad posible

2do mandato: El operador (Petroperú) debe identificar a los afectados

3er mandato: El operador (Petroperú) debe identificar y hacer un inventario de los daños ocasionados a terceros, propiedades y al medio ambiente

4to mandato: El operador (Petroperú) debe hacer esta identificación y este balance dentro de un período de 15 días de la fecha del incidente.

5to mandato: El operador (Petroperú) debe enviar la identificación y el balance de los daños a OSINERGMIN

6to mandato: La compensación debe acordarse con los afectados

7mo mandato: Es potestad de los afectados solicitar el apoyo de la Defensoría del Pueblo con la finalidad de lograr un trato justo

8vo mandato: En caso de que no haya acuerdo se podrá acudir a un juez

Hasta la fecha, no existe un cumplimiento satisfactorio de las reparaciones dispuestas por el TC y, esto ha motivado otras acciones como el inicio de un proceso judicial de cumplimiento y la solicitud de protección a la CIDH. Conforme lo expresó recientemente el Sr. Galo Vásquez, Presidente de la Federación de los Pueblos Cocamas Unidos del Marañón (Fedepcum), ante IDL Radio y otros medios de comunicación Medidas Cautelares de la Comisión Interamericana de Derechos Humanos al Pueblo Cuninicu y San Pedro en Loreto, Perú.

En diciembre del 2017, se despren del Comunicado de Prensa de la CIDH, que:

> *"para proteger la vida e integridad personal de los pobladores de la comunidad de Cuninico y San Pedro en Loreto, Perú. El asunto se enmarca en una solicitud de medidas cautelares presentada a favor de un grupo de varias comunidades presuntamente afectadas por derrames de petróleo crudo en la Amazonia peruana, en diversos tramos del Oleoducto Norperuano.*

> *Al tomar esta determinación, la Comisión tomó en cuenta que, según la información presentada por los solicitantes, tras un derrame de petróleo ocurrido en 2014, y no obstante el paso del tiempo y medidas adoptadas por el Estado peruano, existiría una continuidad en los efectos de la presunta contaminación. De acuerdo a la parte solicitante, esta situación es verificable en los valores de la presencia de algunos metales pesados, como el cadmio y el mercurio, por encima de los niveles recomendables. Asimismo, la CIDH fue informada que estos niveles por encima de los recomendables fueron verificados en algunas decisiones judiciales de tribunales peruanos. Los solicitantes alegaron diversas patologías o padecimientos asociados con dicha afectación que resultan consistentes con los efectos que podría tener la exposición prolongada a tales elementos, por lo cual se requiere la adopción de medidas inmediatas para proteger sus derechos.*

En consecuencia, la Comisión solicitó al Estado de Perú que adopte las medidas necesarias para preservar la vida e integridad personal de los pobladores de las comunidades identificadas. Esto debe incluir realizar los diagnósticos médicos necesarios para determinar los niveles de contaminación por metales pesados u otras sustancias que tendrían los beneficiarios, a fin de suministrar atención médica adecuada, de acuerdo a los estándares internacionales aplicables en la materia. Asimismo, en este proceso el Estado debe prestar especial atención a niños y niñas. Asimismo, la CIDH solicitó al Estado que garantice que los miembros de la comunidad tengan acceso a agua potable, libre de agentes contaminantes, y a una alimentación adecuada en términos nutricionales y culturales y dentro de los niveles considerados aceptables por organizaciones internacionales como la Organización Mundial de la Salud (OMS) o la Organización Panamericana de la Salud (OPS), (Comunicado de Prensa CIDH, 17 de diciembre, 2017).

Este reclamo se mantiene en forma dual en sede nacional y en sede internacional, siendo objeto de supervisión por parte de la CIDH, verificando especialmente la atención en salud y la provisión de agua apta para el consumo humano.

En la actualidad existe una controversia en torno a la forma de cumplimiento de las medidas cautelares así como de las reparaciones dispuestas por el Tribunal Constitucional, situación que se agrava por la fuerte presencia de la economía ilegal, los traficantes de terreno y otras situaciones que hemos detallado líneas arriba. Todo lo cual, hace razonable pensar que en algún momento estas lleven la solución de las diferencias ante tribunales internacionales.

LA RESPONSABILIDAD INTERNACIONAL DEL ESTADO PERUANO

Acorde a las normas que establece la Constitución Política del Perú, agotada la vía nacional, es posible presentar reclamos contra el Estado peruano en sede supranacional, por cuanto expresamente se preve dicha situación en el Art. 205, cuando se agotan todas las instancias nacionales, si el ciudadano estima que sus derechos fundamentales no han sido respetados puede demandar protección ante las mas diversas comisiones o cortes, a las que el Perú se sometió mediante tratados internacionales. A la letra prescribe lo siguiente:

"...Artículo 205. Agotada la jurisdicción interna, quien se considere lesionado en los derechos que la Constitución reconoce puede recurrir a los tribunales u organismos internacionales constituidos según tratados o convenios de los que el Perú es parte..."

Esto es fundamental pues acorde a los mas recientes documentos oficiales emitidos por Naciones Unidas, la Unidad de Inteligencia Financiera del Perú y otros observatorios, así como lo reportado por la noticias, en la Amazonía tenemos la presencia de la minería ilegal que mueve diez veces mas recursos que el narcotráfico, pero está vinculada a este accionar delictivo, lo cual afecta a las poblaciones originarias y al país en general.

Esta situación de utilizacion de la Amazonía por parte del crimen transnacional organizado, que está depredando lo que se

considera un bien común de la humanidad y es tierra de pueblos originarios, genera responsabilidad para el Estado peruano que debe cumplir con los compromisos adquiridos a nivel internacional y que tienen el carácter de obligaciones.

NCY, 20 de julio 2023

REFERENCIAS UTILIZADAS

Tratado de Cooperación Amazónico, recuperado en https://otca.org/wp-content/uploads/2020/01/TRATADO-DE-COOPERACI%C3%93N-AMAZ%C3%93NICA.pdf

Organización del Tratado de Cooperación Amazónica (OTAC), recuperado en https://otca.org/

Constitución Política del Peru, 2022. Recuperado en https://www.congreso.gob.pe/Docs/files/constitucion/constitucion-noviembre2022.pdf

USAID – Proyecto PREVENIR, recuperado en https://preveniramazonia.pe/publicacion_tema/tala-ilegal/?s=&post_types=publicacion

ONU – Fiscalizacion de Estupefacientes, recuperado en https://news.un.org/es/story/2024/03/1528147

Unidad de Inteligencia Financiera de Perú (UIF), ANALISIS DE LA MINERIA ILEGAL COMO DELITO DE LAVADO DE ACTIVOS, recuperado en https://www.sbs.gob.pe/Portals/5/jer/estudios-estrategicos/analisis%20de%20riesgos/Informe%20N%2000022-2023-DAE-UIF-SBS.pdf

Fuentes periodisticas de Ojo Público, recuperado en https://ojo-publico.com/ambiente/mineria-ilegal-peru-avanza-mas-30-distritos-la-amazonia

Indaga, LA TALA ILEGAL EN LA AMAZONÍA PERUANA, recuperado en https://preveniramazonia.pe/wp-content/uploads/La-tala-ilegal-en-la-Amazonia-peruana.pdf

ONU Junta Nacional de Fiscalización de Estupefacientes, recuperado en https://unis.unvienna.org/unis/uploads/documents/2024-INCB/2325540S_INCB_Annual_Report.pdf

Insight Crime, LA AMAZONÍA SAQUEADA: LAS RAÍCES DE LOS DELITOS AMBIENTALES EN LAS REGIONES DE TRIPLE FRONTERA, recuperado en https://insightcrime.org/es/wp-content/uploads/2023/08/InsightCrime-Tri-Border-ES.pdf

LA TRASNACIONALIDAD DEL DERECHO AMAZÓNICO Y LA CREACIÓN DE LA DEFENSORÍA DE LA AMAZONÍA Y DEL TRIBUNAL DE DERECHOS HUMANOS DE LOS PUEBLOS AMAZÓNICOS[*]

Roman José Duque Corredor[**]

---

[*] Ponencia presentada ante 4° Congreso Internacional de Direito Amazónico, celebrado en Boa Vista, Roraima, Amazonía, Brasil, el 16 de mayo de 2019, promovido por las universidades Federal e Estadual de Roraima, que tuvo como como tema "Direito Regionalizado da Amazônia – Perspectiva do Contexto dos Direitos Humanos".
[**] Individuo de número y expresidente de la Academia de Ciencias Políticas y Sociales de Venezuela. Ex Magistrado de la Corte Suprema de Justicia de la República de Venezuela.

INTRODUCCIÓN

En el Tercer Congreso de Derecho Amazónico, celebrado en esta Ciudad, en diciembre de 2003, presenté como ponencia la propuesta de crear dentro de la organización internacional del Tratado de Cooperación Amazónica, de una instancia de defensa o Defensoría de la Amazonía como herencia común de la Humanidad, para garantizar la participación de los pueblos amazónicos en el proceso de su desarrollo armónico y equitativo y la protección de sus derechos colectivos, así como el cumplimiento de las normas del derecho amazónico. Y sugerí a dicho Congreso, que a través de la Academia Brasileira de Letras Agrarias presentara tal iniciativa a la Secretaría Pro Tempore del Consejo de Cooperación Amazónica para su participación a los Ministros de Relaciones Exteriores de los Estados partes del Tratado de Cooperación Amazónica, a los fines de estudiar las enmiendas o reformas necesarias para la creación de esta Defensoría de la Amazonía. Pasados 16 años de aquella propuesta, consideró oportuno este 4° Congreso de Internacional de Direito Amazónico, para ratificar esta propuesta, puesto que hoy el riesgo del ecocidio amazónico es mayor. Con ese propósito, me permito ratificar mis planteamientos que justifican una Defensoría de la Amazonía y que complemento, en esta ponencia, con la propuesta de un Tribunal de Derechos Humanos de los Pueblos Amazónicos.

I.   PREMISA FUNDAMENTAL

Partimos de la existencia de un derecho amazónico, que tiene como objeto de estudio la Amazonía. Y desde el punto de vista del derecho nacional e internacional como rama jurídica que regula la Amazonía, por su importancia para la sostenibilidad y la calidad de vida de la tierra, como una propiedad global de la humanidad. Es decir, integra en el derecho internacional o transnacional un *ius humanitatis*, que tiene su fundamento en la doctrina de la "herencia común de la humanidad" que ha sido acogida en el derecho internacional en las últimas décadas[1]. La Amazonía, pues, materialmente, compuesta por los recursos naturales y el ambiente de los territorios amazónicos bolivianos, colombianos, ecuatorianos, guyaneses, surinameses y venezolanos que integran internacionalmente la Región Amazónica, cuenta con un derecho transnacional, que propiamente pueden denominarse "derecho amazónico".

II.   CARÁCTER DE HERENCIA COMÚN DE LA HUMANIDAD DE LA AMAZONÍA

Es posible, por la consideración de área común natural que de la Amazonía han hecho los países firmantes del Tratado de Cooperación Amazónica (TCA)

---

[1]   En esta definición me inspiro en el concepto de Jus Humanitatis de Boaventura de Sousa Santos en su Libro *La Globalización del Derecho. Los nuevos caminos de la regulación y la emancipación*, Facultad de Derecho, Ciencias Políticas y Sociales, Universidad Nacional de Colombia, Instituto Latinoamericano de Servicios Legales Alternativos (ILSA), segunda reimpresión 2002, Bogotá, D. C., p. 245.

del 3 de julio de 1978, que pueda calificarse a esta Región como herencia común de sus pueblos. La diferencia con otras áreas comunes naturales es que en la Amazonía los países amazónicos tienen soberanía territorial sobre sus recursos naturales[2]. Sin embargo, por los efectos jurídicos de dicho Tratado estos países, por la vía, primigenia de la cooperación internacional, han convenido en actuar conjuntamente para promover armónicamente el desarrollo de sus respectivos territorios amazónicos[3]; lo cual implica limitaciones para su soberanía internacional y limitaciones para sus derechos nacionales que permiten la libre apropiación de sus recursos naturales. En otras palabras, que sus políticas públicas de explotación de estos recursos, e inclusive, sus legislaciones ambientales y de ordenamiento territorial, han de surgir del intercambio de informaciones, de acuerdos y entendimientos operativos, y de los instrumentos jurídicos internacionales que se establezcan para cumplir las finalidades del TCA de promover el desarrollo armónico de sus territorios, la equidad de los beneficios de su explotación y la preservación del medio ambiente y la explotación racional de sus recursos naturales. Por ejemplo, nacionalmente en materia de aprovechamiento de la flora y de la fauna[4]. E, igualmente, la internacionalización de los ríos amazónicos implica para los Estados ribereños la obligación de la libre navegación, la uniformidad de sus legislaciones y la utilización racional de esos recursos[5]. Todo lo cual confirma la naturaleza trasnacional del derecho amazónico.

III. NATURALEZA DE DERECHO TRASNACIONAL DEL DERECHO AMAZÓNICO

El derecho que tiene como objeto de su estudio y regulación a la Amazonía, es el derecho amazónico, que puede calificarse de derecho transnacional especial, por su fuente primigenia y sus finalidades de promoción del desarrollo armónico de esa Región, de preservación del medio ambiente y el racional aprovechamiento de su flora y fauna, y por los principios de la internacionalización de sus recursos hídricos y de la explotación de sus territorios; así como por la institucionalidad internacional que ha generado. Ello determina la necesidad de órganos trasnacionales que atiendan el desarrollo del derecho amazónico y de la garantía de su cumplimiento y que garanticen el respeto de los pueblos amazónicos.

IV. LA COMUNIDAD AMAZÓNICA COMO EVOLUCIÓN DE LA COOPERACIÓN INTERNACIONAL HACIA LA INSTITUCIONALIDAD SUPRANACIONAL

Desde la suscripción del TCA, que dio lugar a mecanismos de intercambio de informaciones y entendimientos operativos y a la creación del Consejo

---

[2]   Ver artículo IV del Tratado de Cooperación Amazónica (TCA).
[3]   Artículo I del TCA.
[4]   Ver artículo VII del TCA.
[5]   Ver artículos III y V del TCA.

de Cooperación, con su Secretaría Pro Tempore, de naturaleza consultiva y de asistencia, se ha avanzado al crearse en el Protocolo de Enmienda del TCA de Caracas de fecha 8 de diciembre de 1.998 la Organización del Tratado de Cooperación Amazónica[6]. Ese paso supone un camino hacia la supranacionalidad en el tratamiento jurídico de la Amazonía. En efecto, está Organización (OTCA), con el cumplimiento de los requisitos constitucionales de aprobación de la enmienda por los países amazónicos y con su entrada de vigencia, contará con personalidad jurídica propia. separada e independiente de los Estados partes de dicho Tratado, que le permitirá celebrar por sí, a través de su Secretario General, acuerdos con las partes contratantes y con Estados no miembros del TCA y con otras organizaciones internacionales. Además, su Secretaria Permanente, que tiene su sede en Brasilia, y cuyo reglamento fue aprobado por la VI Resolución de Ministros de Relaciones Exteriores en Caracas, el 6 de abril del 2000[7], es la encargada de implementar los objetivos del TCA, de conformidad con las resoluciones emanadas de las reuniones de Ministros de Relaciones Exteriores y del Consejo de Cooperación Amazónica. Es verdad, que en el Protocolo de Enmienda del TCA no se prevé aun propiamente una "supranacionalidad de la Región Amazónica", porque la OTCA no podrá ejercer coacción directa, a través de su Secretaria sobre los Estados miembros de la Región, como ocurre en los procesos de integración económica que cuentan con órganos supranacionales administrativos, legislativos y jurisdiccionales, que actúan encima de los Estados que los han creado, porque éstos les atribuyen competencias nacionales, sin ceder soberanía, en un esquema de distribución del poder de relación no jerárquica, a la manera de los Estados federales. Sin embargo, la creación de organizaciones, con personalidad jurídica independiente de los Estados que suscriben Tratados, para cumplir los objetivos de esos mismos Tratados es un paso hacia la supranacionalidad, que se impondrá a medida que esas organizaciones comiencen a generar normas que deben ser cumplidas por los Estados y a reconocer en esas normas derechos a los ciudadanos de las regiones comprendidas en esos Tratados. La ausencia en el TCA de mecanismos directos de coacción y de protección de esos derechos impondrá, al igual de lo que ha sucedido en los procesos de integración económica, que han generado comunidades de derecho internacionales, en el futuro, en mi criterio, la necesidad de avanzar hacia la Comunidad Amazónica, creándose, entonces, verdaderas organizaciones supranacionales, que en consecuencia, producirán normas de naturaleza supranacional destinadas a regular la Amazonía como Región, y los derechos y obligaciones de sus ciudadanos, que será el derecho amazónico comunitario. En efecto, en el caso del TCA se contempla no sólo un proceso de integración económica, sino algo más trascendente e integral, como lo es un pacto para el desarrollo armónico y para la preservación de un bien común de la humanidad, como lo es la Región Amazónica. Es decir, que existen valores éticos que imponen esa supranacionalidad para garantizar esa herencia común, que es

---

[6]   Este Protocolo modifica el Artículo XXII del TCA.
[7]   Resolución RES/VI MRE-TCA/1.

más importante que la integración de las economías y de los mercados. En efecto, se trata de la salvaguardia de los derechos de los pueblos amazónicos y de la humanidad en general, por lo que la supranacionalidad es éticamente obligatoria, para limitar la soberanía interestatal y los derechos individuales de apropiación y aprovechamiento de los recursos de los respectivos de los territorios amazónicos. Se impone, pues, en mi criterio, desde un punto de vista ético, que se contemple una autoridad internacional, creada por los Estados de la Región, que vigile la utilización de ese patrimonio común de la humanidad y proteja los derechos de los pueblos amazónicos. Al igual, que por aplicación de la justicia universal que vela por la protección de los derechos de estos pueblos, que se cree también un tribunal internacional con esta finalidad, de exigir a los estados miembros de la comunidad amazónica su obligación de respetar esos mismos derechos.

V. NATURALEZA COLECTIVA Y SOLIDARIA DE LOS DERECHOS DE LOS PUEBLOS AMAZÓNICOS COMO JUSTIFICACIÓN DE LA DEFENSORÍA DE LA AMAZONÍA

La condición de propiedad global de la humanidad de la Amazonía y los fines del TCA de la promoción del desarrollo armónico de los territorios amazónicos, de la preservación del medio ambiente y de la utilización conjunta y equitativa de sus recursos naturales; determinan un conjunto de derechos de carácter colectivo para los pueblos de esa Región. En efecto, sin entrar a discutir el tema de los llamados derechos humanos de solidaridad o derechos de la tercera generación, no cabe duda que el derecho al ambiente, el derecho al agua y el derecho a la paz, así como el derecho al desarrollo y de reconocimiento de propiedad global de la Humanidad, en la Amazonía son derechos de la comunidad amazónica y de sus poblaciones, más que de sus Estados o de sus individuos en particular[8]. Asimismo, por aplicación del Convenio N° 169 de la Organización Internacional del Trabajo de fecha 27 de julio de 1989, que forma parte del derecho internacional de los derechos humanos, y por aplicación de normas constitucionales de los Estados Amazónicos[9], los pueblos indígenas de la Región tienen derechos especiales en la Amazonía, como comunidades nativas, entre otros el derecho prioritario de aprovechar sus recursos naturales.

Pero, por otra parte, los derechos de los pueblos amazónicos, donde se incluyen los de las comunidades nativas, exigen además de políticas públicas de

---

[8] Para este concepto de derechos de la tercera generación puede verse: Uribe Vargas, Diego, "La tercera generación de derechos humanos y la paz", Plaza & Janes, 1983, p. 34. Y, también, Gros Espiell, Héctor, "El Derecho de todos los seres humanos a beneficiarse del Patrimonio Común de la Humanidad", en *Estudios sobre Derechos Humanos*, Ediciones del Instituto Interamericano de Derechos Humanos, Editorial Jurídica Venezolana, 1985, Tomo I, p. 146.

[9] Las Constituciones de Perú (artículos 2°, inciso 19, 48, 89 y 149), Venezuela 119 a 126); Bolivia (artículo 171); Brasil (artículos 231 y 232); Colombia (artículos 7, 10, 63,67,72,96, literal c, 246, 329 y 330); Ecuador (artículos 1 y 135). Los Estados Andinos, por su parte, ratificaron estos derechos de los pueblos indígenas en la Carta Andina para la Promoción y Protección de los Derechos Humanos.

desarrollo, de paz, de defensa del medio ambiente, de utilización equilibrada de los recursos naturales y de prioridad de su aprovechamiento por esas comunidades; requieren de una acción de la comunidad internacional amazónica. que es un aspecto consustancial de los denominados "derechos de la solidaridad"[10]. La concepción solidaria de los derechos al desarrollo de los pueblos amazónicos y la consideración de la Amazonía, como herencia común de la humanidad, aun respetando la soberanía de los Estados, impone nuevos paradigmas frente a paradigmas tradicionales. Así, frente la trasnacionalidad del derecho amazónico cuyo objeto de regulación es la Amazonía, reclama una veeduría ciudadana para velar, proteger y reclamar los derechos colectivos de sus pueblos.

VI. LA DEFENSORÍA DE LA AMAZONÍA COMO INSTITUCIÓN DE PARTICIPACIÓN CIUDADANA EN LA ORGANIZACIÓN INTERNACIONAL DEL TRATADO DE COOPERACIÓN AMAZÓNICA PARA CONSOLIDAR EL DERECHO AMAZÓNICO TRANSNACIONAL

Señalé anteriormente que se ha ido avanzando desde la cooperación técnica hacia la organización internacional del proceso de desarrollo armónico de la Amazonía, cuando se creó por ejemplo la OTCA. Asimismo, igualmente he señalado, que, por el influjo de la aplicación de la concepción de herencia común de la humanidad a esta Región, esa organización internacional tenderá mucho más hacia la supranacionalidad. Ello sucederá cuando los Estados amazónicos atribuyan a las organizaciones creadas por ellos mismos competencias nacionales en los asuntos amazónicos, sin renunciar a la soberanía de sus territorios. Sin lugar a dudas que la creación de esas organizaciones generará normas referentes las obligaciones de los Estados y a los derechos de los pueblos amazónicos, por lo que tarde o temprano se requerirá de mecanismos de coacción sobre los Estados en los casos de incumplimientos y de sistemas de protección de esos derechos cuando se desconozcan o se violen. Aparte de lo anterior, el derecho primordial de los pueblos amazónicos es el derecho a participar activamente en el proceso de desarrollo de sus respectivos territorios y en sus beneficios. Para ello debe existir un acercamiento de la organización internacional de la Amazonía con sus ciudadanos, por lo que mientras no existan mecanismos de participación ciudadana sus derechos no serán efectivos. Por tanto, debe existir una instancia internacional, independiente y autónoma, donde pueden ser llevados esos problemas para ser solucionados por formas no jurisdiccionales de índole supranacional, mediante mecanismos de buenos oficios de la OTCA, o a través de la persuasión, la conciliación o la mediación. En concreto, sugiero una instancia supranacional que acerque la organización internacional de la Amazonía al ciudadano amazónico, que vele por los derechos de los pueblos amazónicos y permita la solución de las controversias con las autoridades nacionales, independientemente de las

---

[10] Obra citada, página 146.

competencias de los órganos internos de cada Estado. Esa instancia podría ser, en mi criterio, un Defensor de la Amazonía, o también, una Comisión de Defensa de la Amazonía. En uno u otro caso, estos órganos servirían de puente entre la organización internacional amazónica y los ciudadanos para su participación en el proceso de desarrollo de la Región y para la protección de sus derechos colectivos. Estos organismos tendrían competencias para mediar, conciliar, persuadir y proteger en situaciones que afecten los derechos de los ciudadanos amazónicos y actuarían con autonomía de los Estados partes y de la Secretaría Permanente y de las otras Comisiones del TCA. Para ello es necesario que esta instancia esté incorporada a la estructura orgánica del TCA, mediante su enmienda o reforma aprobada por todos los Estados, como instancia complementaria o subsidiaria de las nacionales para solucionar problemas en donde estén afectados los derechos de los pueblos amazónicos[11]. Es decir, se trataría de una instancia que velaría por el cumplimiento del derecho amazónico en todos los niveles, tanto en la OTCA como en sus países miembros[12].

VII. LA NECESIDAD Y JUSTIFICACIÓN DE UNA INSTANCIA UNI-VERSAL DE LOS DERECHOS HUMANOS DE LOS PUEBLOS AMAZÓNICOS

Frente a los casos lesivos de derechos fundamentales, se reconoce el derecho a una justicia internacional. Ello, por el carácter trasnacional de las violaciones a derechos de la humanidad, puesto que estos casos van más allá de las fronteras y sistemas penales nacionales, sobre todo cuando afectan los derechos de los pueblos. Dicha instancia de justicia universal tiene el fin de juzgar a los depredadores de riqueza de la humanidad y a los violadores de los derechos humanos y hacer respetar los compromisos internacionales que los estados han adquirido con las organizaciones internacionales de respetar los derechos humanos. El planteamiento de la justicia

universal, parte del principio de si los tribunales nacionales no garantizan el derecho a la protección de sus derechos humanos, los ciudadanos y los pueblos tienen derecho de presentar su caso ante un tribunal internacional, previo agotamiento de las vías judiciales en sus Estados, porque se trata de un tribunal externo, complementario y supletivo de los poderes judiciales internos. Esta es la argumentación para justificar la creación de un Tribunal de Derechos Humanos de los Pueblos Amazónicos. Asimismo, a los efectos procesales de las acciones ante este Tribunal, en su organización ha de contemplarse una Fiscalía ante este Tribunal.

---

[11] En el reciente VI Coloquio del Instituto Latinoamericano del Ombudsman celebrado en Bogotá, Colombia, del 18 al 19 de septiembre de 2003, sobre "Rol de un Ombudsman en un Pacto Económico", propuse la creación de un Defensor del Pueblo Andino como instancia de mediación y de acercamiento entre los ciudadanos y la Comunidad Andina de Naciones.

[12] En este orden de ideas, ver como un ejemplo, el artículo 43 de la Carta de los Derechos Fundamentales de la Unión Europea (2000/C 364/01).

VIII. EL ECOCIDIO DEL ARCO MINERO DEL ORINOCO DE VENE-ZUELA

Un ejemplo de ecocidio, que no ha sido posible su reclamo ante una instancia regional amazónica pertinente por la violación de los derechos de los pueblos amazónicos de Venezuela, es el llamado Arco Minero del Orinoco, orquestado por el gobierno de Nicolás Maduro. Puesto que no ha sido corregido, ni reparado y ni siquiera ha merecido atención por los órganos del TCA, no obstante que este ecocidio, por sus daños a la población amazónica, no solo venezolana, sino también de los otros países amazónicos, puede ser calificado como un delito de lesa humanidad, cuyo origen es un flagrante caso de corrupción. Este Arco Minero, decretado por el gobierno de Nicolás Maduro, mediante el decreto N° 2.248 de fecha 24 de febrero de 2016, comprende una extensión de 111.846, 70 kilómetros cuadrados, y supone la destrucción de 110 mil kilómetros cuadrados en el proyecto minero más grande de Venezuela. Y, que supuestamente tiene por finalidad reducir la dependencia del petróleo mediante la extracción de oro, diamantes y coltán. El Arco Minero Arco Minero del Orinoco, comprende en los ecosistemas de los estados Amazonas, Bolívar y Delta Amacuro, dentro del cual se lleva a cabo la explotación de materiales crudos, como el coltán y el oro, y se efectúa mediante negociaciones ilícitas e irregulares, que permite la explotación laboral de la mano de obra, no supervisada y esclavista. Se ha dicho que esta explotación ha resultado un gran desastre: la zona está llena de cráteres, con agua envenenada por mercurio y la supervivencia de las comunidades indígenas está en juego" y que "todo tipo de negocios oscuros, en parte está en manos del gobierno"; "todo esto tiene lugar bajo la atenta mirada del ejército"[13]. Este proyecto, fue declarado por la Asamblea Nacional, en Acuerdo de fecha 14 de junio de 2016, como contrario a los intereses de la República y a los derechos ambientales y que por ende lo desconocía y desautorizaba su creación, por atentar contra las reservas de agua dulce no contaminadas, del país, ubicadas al sur del Río Orinoco, la biodiversidad de la Reserva Forestal de Imatáca, de El Caura, La Paragua y las zonas protectoras de la Cuenca del Río Caroní, los Tepuyes, que son formaciones biogeografías únicas en el mundo, y porque atenta contra el hábitat de los pueblos indígenas y las Áreas bajo Régimen de Administración Especial, Áreas Protegidas o de Especial Importancia Ecológica. Áreas estas para cuya desafectación se requería la autorización de la Asamblea Nacional. En dicho Acuerdo se denuncia igualmente que con citado decreto el gobierno pretende otorgar los contratos y concesiones para la explotación de los recursos de esa extensión, sin la debida autorización de la Asamblea Nacional. El gobierno de Maduro, con fundamento en el cuestionado decreto, anuncio el 5 de agosto de 2016, la firma de una serie de acuerdos por 4,5 millones de dólares con empresas nacionales e internacionales, entre otros con la empresa Faoz, para la explotación de yacimientos de tantallo[14] y niobo[15] y la

---

[13] https://acominero.infoamazonia.org/sttory
[14] Metal blanco plateado (Ta) de número atómico 73, muy duro y de apesto semejante al del acero.
[15] O columbio que se emplea principalmente aleado en aceros para conferirles una alta resistencia, por ejemplo, en la construcción de turbinas de aviones y propulsores de cohetes espaciales.

constitución de una empresa mixta, con la compañía Gold Reserve, a quien con anterioridad el gobierno de Chávez había revocado el contrato para la exploración de oro y cobre de la minas Las Brisas y Las Cristinas, en el municipio Sifontes, del Estado Bolívar. Posteriormente, en septiembre de 2016, Maduro autorizó la creación de la empresa mixta Siembra Minera, constituida por la Corporación Venezolana de Minería y GR Mining de Barbados. Asimismo, Maduro anuncio que se invertirían más de 4 millardos de dólares en la zona y que se instalarían con alianzas internacionales, tres (3) empresas mixtas para la explotación del coltán, mineral refractario imprescindible para la industria electrónica, militar y aeroespacial[16]. Por otra parte, a finales del 2017, Maduro anuncio la delimitación de 23 áreas para uso minero en una extensión de 3.409 kilómetros cuadrados, es decir, el 3% del Arco Minero, de las cuales 22 están destinadas a la explotación de oro y la otra a la de diamante, lo cual se acordó en el decreto N° 3.189, por el que transfirió a la citada Corporación y a la Empresa Nacional Aurífera el derecho de desarrollar la explotación de oro y minerales estratégicos en dichas extensiones, para cuyo desarrollo el gobierno incorporaría más de 10.000 personas, mediante un Plan llamado Chamba Juvenil, es decir, minería a pequeña escala, cuyas consecuencias para el ambiente y la salud de las personas, por equipos que arrasan el suelo y que necesitan mercurio, que contamina y envenena las aguas, los peces y las personas.

Por los daños masivos al medio ambiente, que determinan destrucción o perdida de ecosistemas en las zonas del llamado Arco Minero del Orinoco, así como el riesgo grave que supone para sus habitantes al contaminar sus aguas y cultivos, a la luz de la comunidad internacional, su creación se puede calificar de "ecocidio" y, por ende, de un delito contra la humanidad. En efecto, se entiende por ecocidio el daño masivo o destrucción medioambiental de un territorio o zona, de tal magnitud que puede poner en peligro la supervivencia de sus poblaciones. La Asamblea Nacional, en su Acuerdo de fecha 14 de junio de 2016, por el que declaró contrario a los intereses de la República y a los derechos ambientales el decreto N° 2.248 de fecha 24 de febrero de 2016 de creación del Arco Minero del Orinoco, señalaba los daños que las actividades mineras permitidas, así como la ilegalidad de os contratos a otorgar en dicha zona, en su extensión de 11.846, 70 kilómetros cuadrados, a 150 empresas de 30 países diferentes, que representa el 12,2% del territorio nacional, y que afecta los frágiles ecosistemas de los estados Amazonas, Bolívar y Delta Amacuro. Decreto este que por sus consecuencias, no solo violenta los artículos 127 a 129 y 304 y 327 de la Constitución, sino también la normativa internacional ambiental suscrita por Venezuela, como el Convenio sobre Diversidad Biológica, la Convención para la Protección de la Flora, de la Fauna y de las Bellezas Escénicas Naturales de los Países de América o Convención de Washington, la Convención para

---

[16] Coltán es un mineral conocido como oro azul, que es mezcla de los minerales columbia y tantalita, que se utiliza para fabricar componentes de los móviles, smarphones y dispositivos electrónicos, considerado un recurso no renovable altamente estratégico que al igual que los hidrocarburos no abundan en el planeta terrestre.

la Protección del Patrimonio Mundial, Cultural y Natural de la UNESCO, y el Protocolo relativo a las áreas, Flora y Fauna Silvestres y el Convenio para la protección y el Desarrollo del Medio Ambiente en la Región del Gran Caribe. En efecto, la actividad minera en gran escala, en 22 zonas y en una de minería primaria, construyen serias amenazas de contaminación con mercurio y cianuro y la deforestación de bosques tropicales, lo que además impacta la salud y proliferan enfermedades como la malaria. Estos daños serían irreversibles por su incapacidad de regeneración. Tales son los daños que internacionalmente se le considera "el quinto crimen perdido contra la paz"[17], por no encontrarse previsto expresamente entre los cuatro crímenes internacionales en el Estatuto de la Corte Penal Internacional, limitándosele siempre a situaciones de guerra y a daños intencionales, pero, si los daños son de tal magnitud, extensos, duraderos y graves, que afectan a poblaciones como las indígenas y a la mayor reserva de agua del país, y desproporcionados a sus supuestos fine y ventajas, se alega, si quienes actúan lo hacen consciente e intencionalmente, de los daños que provocan, porque por ejemplo, no se elaboraron antes los estudios ambientales que imponen las leyes nacionales e internacionales y porque permiten la pequeña minería, o brigadas socialistas, que utilizan mercurio, podría hablarse de que tales hechos cabrían en la competencia de la Corte Penal Internacional, conforme el artículo 30, de su Estatuto[18]. En ese orden de ideas, se ha manifestado el profesor Alexander Luzardo, proyectista de las normas ambientales de la Constitución y profesor titular de derecho ambiental y desarrollo sustentable de la Universidad Central de

Venezuela, que ha denominado al Arco Minero del Orinoco, como "el ecocidio del Siglo XXI"[19].

Este ecocidio, lleva a pensar en la necesidad de una instancia internacional donde los pueblos amazónicos puedan presentar sus reclamos, a los fines de que los órganos que tiene a su cargo la ejecución del TCA, puedan reclamar al Estado victimario por los daños causados y exigirles su recuperación. Igualmente, dado la naturaleza de delitos contra bienes del patrimonio de la humanidad, también puede pensarse, por aplicación de la justicia universal, en la creación de un Tribunal de los Derechos Humanos de los Pueblos de la Amazonia.

IX. PROPUESTA

Por lo expuesto, ratifico el propósito de presentar al 4° Congreso Internacional de Derecho Amazónico, celebrado en Boa Vista, Roraima, Brasil, la proposición que presentó al 3° Congreso Internacional de Derecho Amazónico, de promover la creación dentro de la organización internacional del Tratado de Cooperación Amazónica, de una instancia de defensa o Defensoría de la Amazonía

---

[17] Gauger, Anja, "Ecocide is the Missing 5 the crime against Peace" (sas -space.sas. ac.uk, Human Rights Consortium, School of Advanced Study, University of London).

[18] Soler Fernández, Rosel, "El ecocidio: ¿crimen internacional?". Ieee.es ((Instituto Español de Estudios Integrales), Documento Opinión, DIEEE01282017_Ecocidio.

[19] https://www.larazon.net(2016/07/pro-alenxander-luzardo-el-mal-llamado-ArcoMinero

como herencia común de la Humanidad y de un Tribunal de Derechos Humanos de los Pueblos Amazónicos, para garantizar la participación de los pueblos amazónicos en el proceso de su desarrollo armónico y equitativo y la protección de sus derechos colectivos, así como el cumplimiento de las normas del derecho amazónico. A tal efecto, me permito proponer, como lo hice en el 3° Congresso, a través de la Academia Brasileira de Letras Agrarias, que dirija tal iniciativa a la Secretaría Pro Tempore del Consejo de Cooperación Amazónica para su participación a los Ministros de Relaciones Exteriores de los Estados partes del Tratado de Cooperación Amazónica, a los fines de estudiar las enmiendas o reformas necesarias para la creación de esta Defensoría de la Amazonía y del Tribunal de Derechos Humanos de los Pueblos Amazónicos.

LA MINERÍA ILEGAL EN VENEZUELA Y SUS IMPLICACIONES REGIONALES

Cristina Vollmer de Burelli[*]

En el contexto del Congreso Mundial de Juristas 2023 celebrado en Nueva York, se abordó el tema de los regímenes híbridos en América Latina y su impacto en la seguridad hemisférica. En este análisis, Venezuela, un país megadiverso, destaca como un caso paradigmático debido a su transformación; de haber sido líder en políticas ambientalistas y pro-indigenistas en el siglo XX, pasó a ser un Estado donde la minería ilegal y la criminalidad han dado al traste con todas esas políticas, convirtiéndose además en una amenaza significativa para la región. La Amazonía venezolana, una región conocida por su unicidad biológica y geológica, y su vasta biodiversidad, cuyos ecosistemas hasta hace poco contaban con una mínima huella humana, enfrenta actualmente una crisis socio ambiental sin precedentes. Los estudios técnicos contenidos en los informes de SOSOrinoco,[1] evidencian como los daños causados por las actividades mineras ilegales y la mala gestión gubernamental están teniendo consecuencias devastadoras e irreversibles. Este giro de políticas se dio radicalmente desde la llegada de Hugo Chávez al poder en 1999 y con la continuación de su legado político encarnado en Nicolás Maduro; las instituciones ambientales han sido desmanteladas,[2] y la protección de los ecosistemas es básicamente inexistente.

El decreto del Arco Minero del Orinoco[3] de 2016 marcó un punto de inflexión en la historia ambiental y minera de Venezuela. Sin contar con la debida aprobación de la Asamblea Nacional y sin estudios de su impacto ambiental estratégico, este decreto dio luz verde sin mayores restricciones a toda la minería en un área de 111.846,70 km², equivalente al 12% del territorio nacional.

---

[*] Fundadora de SOS Orinoco
[1] SOSOrinoco: https://sosorinoco.org/es/informes/
[2] instituciones ambientales han sido desmanteladas: https://sosorinoco.org/en/reports/usaid-venezuela-faa118-119-tropical-forest-and-biodiversity-analysis/
[3] Arco Minero del Orinoco: https://sosorinoco.org/wp-content/uploads/2020/07/acto_1570461637.pdf

SOSOrinoco ha comprobado cómo la política minera del Arco Minero[4] ha extendido sus efectos devastadores mucho más allá de los límites geográficos declarados en ese decreto, lo cual ha resultado en la deforestación masiva y la contaminación de vastas áreas, incluyendo regiones protegidas como el Parque Nacional Canaima,[5] Sitio de Patrimonio Mundial, el Parque Nacional Yapacana,[6] Parque Nacional Caura,[7] Monumento Nacional Guaiquinima[8] y la Reserva de Biosfera Alto Orinoco-Casiquiare.[9]

Los informes de SOSOrinoco evidencian las realidades del daño socioambiental y humano en los siguientes aspectos críticos:

1. Deforestación y Pérdida de Biodiversidad:[10] Se estima que más de 65,000 hectáreas de ecosistemas han sido devastadas, lo que equivale a la destrucción de 71,000 canchas de fútbol. Este nivel de deforestación no solo destruye hábitats naturales, sino que también pone en peligro a numerosas especies únicas y valiosas.

2. Contaminación por Mercurio:[11] La minería ilegal aurífera utiliza grandes cantidades de mercurio para extraer oro, contaminando ríos y fuentes de agua dulce. Esta contaminación no solo afecta a la vida acuática, sino también, y principalmente, a la salud y la vida de comunidades indígenas y locales que consumen y dependen de los recursos hidrobiológicos y del agua misma.

3. Violencia y Desplazamiento de Comunidades Indígenas:[12] El "Informe de la misión internacional independiente de determinación de los hechos sobre la República Bolivariana de Venezuela", elaborado por el Consejo de Derechos Humanos de Naciones Unidas en septiembre 2022, resaltó los abusos de derechos humanos e indígenas en el Arco Minero. Comunidades indígenas de los

---

4   La politica minera del Arco Minero: https://sosorinoco.org/es/informes/caracterizacion-y-analisis-de-algunas-variables-socioambientales-clave-en-el-arco-minero-del-orinoco/

5   Parque Nacional Canaima: https://sosorinoco.org/es/informes/evaluacion-de-las-amenazas-al-parque-nacional-canaima-sitio-de-patrimonio-mundial-natural/

6   Parque Nacional Yapacana: https://sosorinoco.org/es/informes/la-mineria-aurifera-en-el-parque-nacional-yapacana-amazonas-venezolano-un-caso-de-extrema-urgencia-ambiental-y-geopolitica-nacional-e-internacional-actualizacion-al-2020/

7   Parque Nacional Caura: https://sosorinoco.org/es/informes/mineria-en-caura-y-su-nuevo-parque-nacional/

8   Monumento Nacional Guaiquinima: https://sosorinoco.org/es/informes/la-mineria-en-el-paragua-asedia-al-monumento-natural-guaiquinima-el-infierno-a-las-puertas-del-paraiso/

9   Reserva de biosfera Alto Orinoco-Casiquiare: https://sosorinoco.org/es/informes/mineria-guerrilla-y-enfermedades-el-legado-de-la-revolucion-a-los-indigenas-de-la-reserva-de-biosfera-alto-orinoco-casiquiare-amazonas-venezolano/

10 Deforestacion y pérdida de biodiversidad: https://sosorinoco.org/es/informes/deforestacion-y-cambios-en-la-cobertura-vegetal-y-de-usos-de-la-tierra-dentro-del-denominado-arco-minero-del-orinoco-entre-2000-2020/

11 Contaminación por Mercurio: https://sosorinoco.org/es/hechos/contaminacion-mercurial/la-huella-toxica-del-mercurio-llego-a-la-gran-sabana/

12 Violencia y desplazamiento de comunidades indigenas: https://www.ohchr.org/es/hr-bodies/hrc/ffmv/report-ffmv-september2022

pueblos Pemón, Uwotujja, Yanomami, Yek'wana y Sanema se han visto forzadas a trabajar en las minas ilegales. La invasión de mineros ilegales y guerrilleros colombianos ha exacerbado la violencia, la esclavitud moderna, el tráfico humano y demás abusos de derecho humanos e indígenas en estas áreas.

Este decreto del Arco Minero no sólo potenció la informalidad del sector, sino que le dio una apariencia de formalidad, y consolidó un sistema criminal híbrido, el cual es necesario para poderlo mantener, y que ha beneficiado a todos los niveles del aparato estatal, desde las fuerzas armadas hasta el entorno más cercano a Maduro, incluyendo figuras prominentes como Cilia Flores, Delcy Rodríguez, Diosdado Cabello, Alex Saab, Tareck El Aissami, Nicolás Maduro Guerra (hijo de Nicolás Maduro) por solo mencionar algunos.

4. Criminalidad del Sector Minero:[13] El venezolano es un claro ejemplo de cómo un régimen híbrido puede transformar una economía, controlada desde el marco formal de un Estado pero en perfecta connivencia y coordinación con la delincuencia. Esta dinámica ha hecho que la minería en Venezuela se convierta en un negocio transnacional criminal, con el 100% del oro venezolano catalogado como de alto riesgo, con el cual se financian actividades terroristas de grupos como el ELN y las FARC-D en Colombia, así como las mafias de los sindicatos mineros garimpeiros de Brasil. Todo esto es recogido en el informe de la OCDE[14] sobre los flujos de oro desde Venezuela, donde además se sentencia que: "A la luz de esas categorías, y dadas las fuerzas, actores y actividades vinculados con los flujos de oro venezolanos desde las minas en adelante, la investigación indica que todo el oro que se origina en Venezuela debe considerarse de alto riesgo." (OCDE, "Flujos de oro desde Venezuela: apoyo a la debida diligencia en la producción y comercio de oro").

La entrada del ELN en la explotación minera, a instancias de Tareck El Aissami en 2018, ejemplifica cómo el régimen ha recurrido a la "tercerización"[15] de la violencia para mantener el control sobre las minas. La negativa de la Fuerza Armada Bolivariana a confrontar directamente a los mineros y bandas criminales venezolanas llevó a la incorporación del ELN, que ahora controla numerosas minas en asociación con el Estado venezolano.

Tanto Chávez como Maduro permitieron y autorizaron que grupos armados como el ELN y las FARC-D ocuparan territorios indígenas, exacerbando la violación de los derechos de comunidades indígenas Ye'kwana, Uwottuja, Yanomami y Pemón. SOSOrinoco posee evidencia[16] de cartas y documentos que demues-

---

13 Criminalidad del sector minero: https://sosorinoco.org/es/informes/presencia-actividad-e-influencia-de-los-grupos-armados-organizados-en-la-actividad-minera-al-sur-del-rio-orinoco/

14 Informe de la OCDE: https://web-archive.oecd.org/2022-01-08/616575-flujos-de-oro-desde-Venezuela-apoyo-a-la-diligencia-debida-en-la-produccion-y-comercio-de-oro.pdf

15 Tercerización: https://sosorinoco.org/es/informes/presencia-actividad-e-influencia-de-los-grupos-armados-organizados-en-la-actividad-minera-al-sur-del-rio-orinoco/

16 Evidencia de cartas: https://sosorinoco.org/es/informes/autana-guerrilla-mineria-y-narcotrafico-al-pie-del-arbol-de-la-vida/

tran acuerdos entre el Estado venezolano y las guerrillas colombianas. Líderes legítimos de estas comunidades han sido perseguidos y amenazados[17] por sus denuncias y quejas formales contra la explotación minera, y en algunos casos, han sido asesinados.

El régimen de Maduro está profundamente involucrado en cada etapa de la cadena de suministro minera, desde el acceso a las Áreas Protegidas y el suministro de insumos (combustible, mercurio, maquinaria) hasta el contrabando de oro, beneficiándose económicamente a expensas de la violación de los derechos humanos, incluyendo los ambientales. La minería ilegal en Venezuela está obvia e intrínsecamente ligada al narcotráfico, proporcionando una vía para el blanqueo de dinero. Operaciones militares de la Fuerza Armada Nacional Bolivariana (FANB) denominadas "Operación Autana"[18] y "Operación Roraima" no han sido más que maniobras mediáticas[19] destinadas a cambiar la narrativa del régimen y tomar el control sobre minas que estaban previamente en manos de grupos aliados, que por distintas razones ahora son incómodos o inconvenientes.

La minería en Venezuela es un negocio transnacional criminal, que financia el terrorismo y fortalece a grupos armados como el ELN y las FARC-D. Este fenómeno es lo que se describe como un "Estado híbrido", donde la criminalidad y la gobernanza institucional están entrelazadas. La corrupción y la informalización del sector minero han permitido que el régimen de Maduro se beneficie de la explotación ilícita y que de ninguna manera beneficia al pueblo venezolano.

La situación en el sector minero de Venezuela es prácticamente irreversible a menos que haya un cambio de régimen político. La pérdida de soberanía nacional y las alianzas del régimen de Maduro con grupos mafiosos y guerrilleros subrayan la necesidad de una respuesta coordinada a nivel hemisférico. Mientras esto no cambie la promoción de actividades sostenibles y alternativas a la minería, como la agroforestería, la artesanía y el turismo, son solo ilusiones idealistas. Uno de los aspectos más alarmantes señalados por SOSOrinoco es la invisibilización de esta crisis. A pesar de ser una de las peores crisis ambientales del hemisferio occidental, la situación en la Amazonia venezolana no ha recibido la debida atención por parte de las organizaciones ambientalistas ni de las multilaterales. Esta actitud lejos de ser neutra, empeora la situación e impide la implementación de algunas medidas efectivas que podrían plantearse para intentar frenar tal destrucción socioambiental. Es imperativa una cooperación entre los Estados democráticos de la comunidad internacional y las ONG a fin de movilizar foros e instancias internacionales judiciales en materia de derechos humanos, incluyendo los ambientales.

---

[17] Perseguidos y amenazados: https://sosorinoco.org/es/informes/autana-guerrilla-mineria-y-narcotrafico-al-pie-del-arbol-de-la-vida/

[18] Operación Autana: https://x.com/NicolasMaduro/status/1693992433552695722

[19] Maniobras mediáticas: https://efectococuyo.com/la-humanidad/mineria-ilegal-venezuela-se-expande-pese-a-opertivos-sos-orinoco/

La crisis minera en Venezuela no solo representa una catástrofe ambiental y humanitaria, sino que también es una amenaza para la seguridad regional y hemisférica. Estamos viendo cómo los diversos Grupos Armados Organizados[20] de la región no respetan las fronteras políticas de los países y por el contrario, se están expandiendo transnacionalmente para controlar espacios y volverse cada vez más eficientes al entrelazar diversos negocios ilícitos como la minería ilegal de oro y de otros minerales, el narcotráfico, así como el tráfico de maderas y fauna silvestre.

La Amazonia venezolana está en una situación crítica que requiere una acción urgente y coordinada a nivel internacional. La comunidad global debe reconocer esta situación e intentar coordinar estrategias para intentar aminorar los daños causados por las políticas mineras irresponsables y la falta de gestión ambiental en Venezuela. La colaboración entre organizaciones ambientales, gobiernos y la sociedad civil es esencial para proteger y eventualmente restaurar este valioso socio-ecosistema antes de que sea demasiado tarde. Los informes de SOSOrinoco nos alertan sobre la magnitud de esta crisis y nos llaman a tomar medidas decisivas para salvaguardar el futuro de la Amazonia venezolana. La colaboración internacional y la insistencia en la adopción y promoción de prácticas sostenibles son esenciales para mitigar los efectos de esta crisis. En última instancia, sólo un cambio profundo en la estructura política y económica de Venezuela podrá ofrecer una solución duradera a esta problemática.

---

[20] Grupos Armados Organizados: https://sosorinoco.org/es/informes/presencia-actividad-e-in-fluencia-de-los-grupos-armados-organizados-en-la-actividad-minera-al-sur-del-rio-orinoco/

ÍNDICE GENERAL

LA MINERÍA ILEGAL EN VENEZUELA
Y SUS IMPLICACIONES REGIONALES

CRISTINA VOLLMER DE BURELLI
Fundadora de SOS Orinoco

www.ingramcontent.com/pod-product-compliance
Lightning Source LLC
Chambersburg PA
CBHW031257280526
45784CB00004B/1885